AF310239

MÉMOIRE

SUR

LA CÉRAMIQUE ANTIQUE

dans la vallée du Rhône,

D'APRÈS

les notes et la collection d'Émilien Dumas, de Sommière,

LU A L'ACADÉMIE DE NIMES,

DANS LA SÉANCE DU 28 DÉCEMBRE 1878,

PAR

M. A. LOMBARD-DUMAS,

Membre non résidant de l'Académie de Nimes,
Membre des Sociétés botanique et géologique de France.

NIMES

IMPRIMERIE CLAVEL-BALLIVET ET Cⁱᵉ

12 — RUE PRADIER — 12

1879

SUR LA CÉRAMIQUE ANTIQUE

dans la vallée du Rhône.

(*Extrait des* Mémoires de l'Académie de Nimes, *année 1878*).

MÉMOIRE

SUR

LA CÉRAMIQUE ANTIQUE

dans la vallée du Rhône,

D'APRÈS

les notes et la collection d'Émilien Dumas, de Sommière ;

LU A L'ACADÉMIE DE NIMES,
DANS SA SÉANCE DU 28 DÉCEMBRE 1878,

PAR

M. A. LOMBARD-DUMAS,

Membre non-résidant de l'Académie de Nimes,
Membre des Sociétés botanique et géologique de France.

NIMES

IMPRIMERIE CLAVEL-BALLIVET ET Cᵉ
12 — RUE PRADIER 12 —

1879

MÉMOIRE

sur

LA CÉRAMIQUE ANTIQUE

DANS LA VALLÉE DU RHONE ;

d'après les notes et la collection d'Emilien DUMAS, de Sommière,

par A. LOMBARD-DUMAS,

membre non-résidant.

AVANT-PROPOS.

MESSIEURS,

La conception du Mémoire que j'ai l'honneur de soumettre aujourd'hui à votre attention et à votre critique remonte à une date déjà bien reculée. En 1850, le savant auteur de la *Carte géologique du Gard*, étudiant les riches dépôts d'argiles figulines de l'arrondissement d'Uzès, fut frappé de l'analogie que présentent certains procédés, employés par les potiers de cette région, avec ceux en usage en Italie et dans notre pays aux temps de l'occupation romaine. Déjà, en explorant les oppidums de Nages et de Villevieille, il avait reconnu, parmi les débris céramiques grecs et phéniciens mêlés aux produits de l'industrie gauloise, des formes dont la ressemblance avec quelques poteries modernes de Saint-Quentin, près d'Uzès, lui parut être aussi le résultat d'une tradition maintenue d'âge en âge.

A ces antiques débris qu'il avait réunis, comme type de comparaison, dans son cabinet de Sommière, vinrent se joindre bientôt les produits de ses fouilles dans les cavernes habitées par l'homme préhistorique, et sous les dolmens et les *tumulus* qu'il découvrit dans notre région.

Plus tard, les tombeaux romains d'Orange et de Vaison, les antiques ruines d'Arles, de Nimes et de plusieurs autres localités méridionales, lui fournirent une riche série d'estampilles appliquées sur ces belles poteries rouges, qu'on retrouve partout où séjourna le puissant vainqueur des Gaules.

C'est en présence de tant de précieux documents, qu'Emilien Dumas conçut le projet d'une histoire de la céramique antique, dans les contrées qui forment aujourd'hui notre département. Mais des découvertes successives agrandirent bientôt pour lui cet étroit horizon. Les musées de Vienne et de Lyon, comme ceux d'Avignon et de la ville d'Arles, renferment des richesses archéologiques du plus haut intérêt, et qu'aucune publication n'avait encore fait connaître : Emilien Dumas résolut de les comprendre dans ses descriptions, et c'est après plusieurs voyages à Vienne et à Lyon, qu'il établit définitivement les bases de ce mémoire, où il comptait embrasser toute la vallée du Rhône, et qu'il adopta pour ce travail le titre de *Mémoires sur la céramie des anciens, avec recueil et fac-simile des noms de potiers gravés sur les poteries antiques, principalement aux environs de Lyon, de Vienne, d'Orange, de Vaison, d'Avignon, d'Arles et de la ville de Nimes.*

Malheureusement l'exécution de cette pensée grandiose dut être différée par les importants travaux que l'industrie de la houille et du fer réclamait alors du savant géologue. Les nombreuses et lointaines explorations scientifiques qu'il dut entreprendre, pour seconder le développement de si puissants intérêts, écartèrent de lui, et pour longtemps, toutes préoccupations d'un autre ordre. Puis vint la mort.

De longues années ont passé sur l'ébauche de ce travail, qui, s'il eût été accompli par le maître, eût imprimé un si vif essor à l'archéologie méridionale. Nous-même, à qui fut dévolu le redoutable honneur de publier la volumineuse série de ses observations géologiques dans le département(1), avons été retenu longtemps par cette laborieuse publication posthume, et ce n'est que depuis peu, qu'il nous a été donné de pouvoir songer enfin au *Mémoire sur la céramique antique dans la vallée du Rhône.*

Mais déjà il n'était plus temps d'exécuter le grand travail d'ensemble qu'Emilien Dumas avait conçu : des publications partielles, qui enlèvent à celle-ci son cachet d'originalité, avaient mis au jour les richesses contenues dans les musées de plusieurs grandes villes : Comarmond à Lyon, en 1857 (2) ; M. Allmer à Vienne (3), et M. Aurès à Nimes, en 1876 (4), décrivaient les poteries romaines, dont l'étude devait former un des chapitres les plus intéressants de ce mémoire. Le musée d'Avignon, enrichi par la précieuse collection Calvet, dont M. Deloye a dressé depuis plusieurs années le catalogue descriptif, encore en manuscrit, mais qu'il ne doit pas tarder à livrer à la publicité, ne pouvait pas non plus entrer dans notre cadre.

(1) *Statistique géologique, minéralogique, métallurgique et paléontologique du département du Gard*, par Emilien Dumas. 3 volumes in-8°, 1875-1876-1877.

(2) *Description des antiquités et objets d'arts contenus dans les salles du Palais des Arts de la ville de Lyon.* In-4°, 1855-1857.

(3) Allmer. *Inscriptions antiques antérieures au VIII° siècle. Musée de Vienne,* 1876.

(4) Aurès. *Marques de fabrique du musée de Nimes, publiées en fac-simile.* Extrait des *Mémoires de l'Académie du Gard,* années 1873, 1874 et 1875. In-4° avec 23 pl., 1876.

Ainsi devancé par ces savantes études, qui ont vivement excité l'intérêt des archéologues en France, nous avons dû revenir à l'idée première d'Emilien Dumas et rester dans l'étroit périmètre de notre région, en bornant nos descriptions aux spécimens que nous avons trouvés dans la collection céramique du savant géologue de Sommière. La même raison nous a imposé aussi l'obligation de modifier profondément le titre de son travail, pour le réduire aux proportions que nous sommes obligé de lui donner ; mais nous avons scrupuleusement conservé le cadre qu'il avait si nettement établi dès le principe, et nous avons fait de notre mieux pour utiliser les matériaux patiemment amassés et classés par le maître dans l'ordre que nous avons suivi en les décrivant.

Quelque restreinte qu'elle soit, cette étude, que nous avons essayé de rajeunir en certaines parties, pourra, nous l'espérons du moins, offrir quelque intérêt pour l'archéologie méridionale.

Tous ceux qui ont visité l'Exposition universelle de 1878 ont été frappés, comme nous, du grand développement donné à la partie céramique : la richesse et la variété infinie des produits de cette branche si intéressante de l'art s'imposaient à l'attention. Le moment n'est pas mal choisi pour exposer l'histoire des procédés familiers aux anciens céramistes, décrire les produits de la fabrication indigène, et parler du goût si vif qu'inspirèrent aux peuples de l'antiquité ces brillantes et fragiles créations qui ont encore le privilège de nous charmer.

MÉMOIRE

SUR

LA CÉRAMIQUE ANTIQUE

DANS LA VALLÉE DU RHONE,

d'après les notes et la collection d'Emilien DUMAS, de Sommière.

L'art céramique ou de la poterie est un de ceux que les hommes ont dû cultiver le premier, après avoir fabriqué des armes pour se défendre et des tissus grossiers pour se vêtir.

Ces tissus, quels qu'ils fussent, ont disparu depuis bien des siècles, et l'histoire ne peut compter sur eux pour établir ses jalons ; cette première arme fut pour l'homme une pierre, un bâton noueux. Quel temps mit-il pour songer à s'en façonner une plus capable d'offensive ? Cette question restera à jamais insoluble ; nous ne pénètrerons jamais cette première période du développement de l'industrie humaine. Mais, dès le jour où l'homme a su tailler le silex en grossiers éclats, nous pouvons suivre sa trace : nous le voyons s'abriter au milieu des bois, dans les grottes naturelles, où des restes de foyer nous indiquent clairement qu'il a surpris le secret du feu et qu'il sait faire cuire les aliments que lui procure la chasse.

Plus tard, ses armes se perfectionnent : avec le silex artistement façonné en pointes de flèches, il attaque les grands animaux, dispute sa proie ou défend l'approche de son domaine contre ses voisins, auxquels il fait la guerre (1) ; il se ligue, s'associe avec eux, et se retranche dans des campements, à l'abri des surprises que lui réserve la vie nomade. C'est à cette seconde période, première ébauche de la civilisation, manifestée par l'association, par le travail plus perfectionné des armes, et par l'invention d'ustensiles en os ou en pierre, que dut commencer aussi la fabrication des premières poteries.

Mais les fragments qui nous restent de ces essais informes, durcis au soleil, d'une ténacité trop faible pour résister à l'action destructive du temps, ne se retrouvent guère en France que dans la tourbe diluvienne de la Picardie, où leur enfouissement profond a pu les préserver de toute atteinte.

Les habitants primitifs de la Gaule, vivant de chasse et au jour le jour, forcément nomades, restèrent sans doute ainsi bien des siècles, sans que le temps vînt apporter un perfectionnement notable à leur industrie.

Mais à l'époque de la *pierre polie,* il est facile de constater une grande amélioration dans la fabrication des vases ; la pâte de ceux qu'on rencontre dans les grottes et les campements, est cuite au feu, mêlée de corps étrangers pour éviter les accidents de retrait, enduite à l'intérieur d'une matière grasse et d'une couleur noire, qui est due, selon les observations de Brongniart, à une addition de charbon.

Plus tard encore, à l'époque de l'*âge du bronze,* les poteries, tout en revêtant des formes plus élégantes et moins massives, prirent un caractère de solidité plus grande, et furent adaptées à tous les usages.

Notre sol gaulois est jonché, pour ainsi dire, des débris de ces époques reculées, débris auxquels se mêlent souvent, et en grand nombre, les produits moins antiques de l'industrie grecque et romaine.

(1) On peut voir, au Musée d'Arles, une pointe de flèche en silex enfoncée dans une vertèbre humaine.

Dans ce mémoire, notre but est surtout de faire con-
naitre, et de classer chronologiquement, les diverses poteries qu'on rencontre le plus communément dans le midi
de la France, mais principalement dans la vallée du
Rhône.

Ces poteries, considérées au point de vue de la nature
de la pâte, de la fabrication et de leur forme, peuvent se
diviser en cinq classes, correspondant à cinq périodes distinctes, savoir :

1° POTERIES GAULOISES *proprement dites*, antérieures
à l'établissement des Grecs à Marseille et à l'invasion romaine ;

2° POTERIES TYRRHÉNIENNES ;

3° POTERIES GALLO-ROMAINES ;

4° POTERIES ROMAINES *du Haut-Empire ;*

5° POTERIES ROMAINES *du Bas-Empire* ou POTERIES
CHRÉTIENNES.

Iʳᵉ DIVISION.

Poteries gauloises proprement dites.

Comme nous l'avons déjà dit, cette première nature de
poterie remonte à une très-haute antiquité ; mais elle
n'est pas la plus ancienne. Si nous la classons néanmoins
en première ligne, c'est que, dans la région qui fait l'objet
de nos recherches, les poteries rudimentaires de l'époque
paléolithique ont disparu, sans y laisser la moindre trace.

Les débris que nous offrent les cavernes du Gard, les
dolmens, les tumulus, les tombeaux gaulois taillés dans
le roc, et quelques lieux découverts, peuvent être consi-
dérés comme les vestiges les plus anciens, sur notre sol,
de cette industrie, comme les premiers témoins d'une
civilisation naissante. Ils sont toujours accompagnés
d'armes en silex façonnés en forme de hache ou de fer de
lance, dont le travail, à petits éclats, indique un degré

d'avancement notable dans l'art de leur fabrication ; des haches en pierre polie, annonçant une époque de transition, s'y présentent parfois aussi à côté des silex.

L'étude de ces débris permet également de suivre les développements de l'art du potier, sans qu'il soit toutefois possible encore d'établir, pour chaque période, des divisions bien nettes.

Les cavernes des Hautes-Cévennes, comme celles de Meyrueis, de Nabrigas, et celle récemment découverte sous le château d'Espinassous près de Lanuéjols, recèlent des poteries fabriquées à la main, en général très épaisses et rarement ornées à l'extérieur. Deux ou trois mamelons latéraux, ou un mince bourrelet circulaire pour retenir une corde, remplacent l'anse, qui n'a pas encore paru ; ces mamelons prennent ensuite un plus grand accroissement, s'allongent ou s'aplatissent : la caverne de Pondres a fourni un spécimen, rencontré dans la partie supérieure des remblais, dont le mamelon, plus saillant, était percé d'un trou, produisant ainsi comme une anse très épaisse. Puis cette ouverture, d'abord simplement destinée au passage d'une corde, devient de plus en plus grande, et l'anse est enfin acquise (1).

Les ornements extérieurs cependant l'ont précédée. Ce sont d'abord des entailles plus ou moins régulières dans la pâte encore fraîche, des points en creux, rarement en relief, des lignes en zigzag ou rubannées ; en 1865, des fouilles entreprises, pour le compte de la Commission de la carte des Gaules, par M. Aurès, ingénieur en chef des ponts et chaussées à Nîmes, dans une grotte sépulcrale de la commune d'Aubussargues, près d'Uzès, mirent au

---

(1) On peut voir d'intéressants spécimens de ces poteries dans les dessins de la pl. III, annexée au mémoire de M. Adrien Jeanjean : *L'homme et les animaux des cavernes des Basses-Cévennes*, dans le volume des *Mémoires de l'Académie du Gard*, pour l'année académique 1869-1870.

jour des fragments d'assez grandes dimensions de poteries, dont quelques-unes étaient ornées, à l'extérieur, de lignes en creux et de lignes saillantes artistement combinées, au-dessus d'une série de demi cercles, qu'on dirait être le prélude des oves employés plus tard chez les Romains (1). (Voir la planche).

Toutes ces poteries, que nous comprenons sous le titre de *Poteries gauloises* (2), sont composées d'une pâte grossière, en général noire ou brune, surtout à l'intérieur,

(1) Cette ornementation, à peu près inconnue jusqu'à ce jour, parce qu'aucune publication n'en a donné les dessins, paraît spéciale à la région du Gard. Le petit musée du grand séminaire, à Nimes, possède de beaux vestiges de vases analogues à ceux d'Aubussargues. Ils ont été recueillis dans la grotte de Saint-Vérédème, près le Pont-du-Gard. Notre savant confrère, M. Flouest, nous fait observer que ce système d'ornementation a persisté dans nos régions, jusqu'à l'époque grecque et romaine, et que, à un point de vue général, cette poterie est restée stationnaire, dans les conditions caractéristiques de sa fabrication, pendant une longue période de siècles, jusqu'au moment où la civilisation gréco-romaine a transformé le pays gaulois en l'absorbant. L'oppidum de Nages a fourni à MM. Aurès et Flouest, qui l'ont exploré ensemble, pêle-mêle avec de nombreux débris de vases incontestablement importés et révélant à un haut degré la Grèce et son influence, une grande quantité de débris de vases de fabrication indigène, qui semblent avoir été contemporains des vases grecs, et, comme eux, ne pas remonter beaucoup plus haut que l'ère chrétienne. Or, il serait bien difficile, ajoute M. Flouest, sinon impossible, de les différencier, au point de vue de leur fabrication et de leur système ornemental, de ceux des grottes des Basses-Cévennes. M. Flouest en a déposé, comme preuve, de nombreux spécimens au Musée municipal de Nimes.

(2) Il nous paraît utile de faire observer ici que, au moment où Emilien Dumas établissait sa classification dans les produits de l'art céramique indigène, les études d'archéologie gauloise n'avaient pas encore réalisé les conquêtes qui lui sont désormais assurées. Pour lui, le qualificatif *gaulois* a ici une valeur générique embrassant tout ce qui, étant antérieur à l'invasion de la Grèce et de Rome, n'a pas été atteint par leur influence. Mais nous savons qu'Emilien Dumas avait eu le projet de subdiviser ce chapitre en *Première* et *Deuxième époque*, correspondant aux âges néolithique et du bronze.

toujours mêlée de corps étrangers. Cette addition avait pour but de donner à l'argile trop peu plastique une plus grande ténacité ; les pâtes céramiques ainsi préparées devenaient une espèce de *poudingue* à fragments anguleux reliant toutes les parties du vase. Mais nous avons observé que ces matériaux sont toujours en rapport avec la nature minéralogique de la contrée où les vases ont été fabriqués.

C'est ainsi que, dans les départements du Gard, des Bouches-du-Rhône, de Vaucluse, etc..., les poteries antiques contiennent des fragments rhomboïdaux de chaux carbonatée blanche spathique ; tandis que, en Auvergne, dans le Vivarais et même à Agde, près de Montpellier, où il existe des traces d'anciens volcans, le spath calcaire est remplacé, dans les poteries du même âge, par de petits fragments de scories volcaniques *(peperino)*.

Dans le même département de l'Hérault, près des mines de Cabrières, nous avons trouvé, mêlés à des ossements humains, dans la grotte de Roqueblanque, commune de Peret, découverte en 1859, des débris de poteries façonnées à la main, où le spath calcaire était remplacé par de petits fragments de quartz hyalin, substance fort commune dans les environs, et qui compose la presque totalité des nombreux filons cuprifères de ce pays.

Au reste, ce moyen de donner à la matière plastique le degré de ténacité qui lui manque a été pratiqué de tout temps ; il l'est encore de nos jours. Les murs de Babylone et certaines constructions de l'ancienne Egypte sont faits avec des briques cuites au soleil, à l'argile sableuse desquelles on avait ajouté de la paille hachée et même des fragments de joncs. Le même procédé était employé par les Gaulois. Au cours de leur exploration de l'oppidum de Nages (Gard), MM. Aurès et Flouest ont rencontré d'importants débris d'une espèce de four à calotte sphérique, reposant sur une surface plane percée d'ouvertures

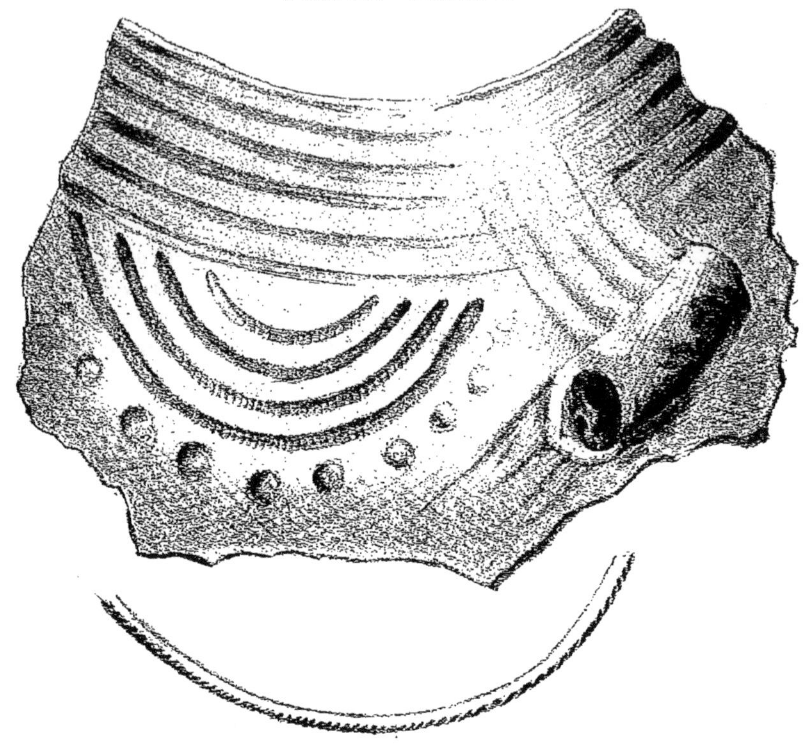

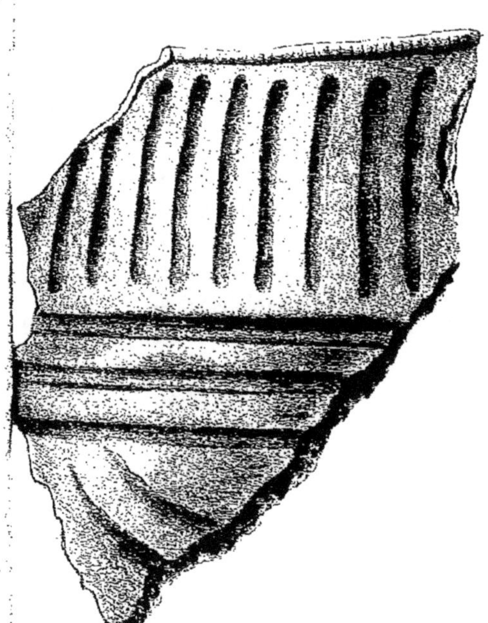

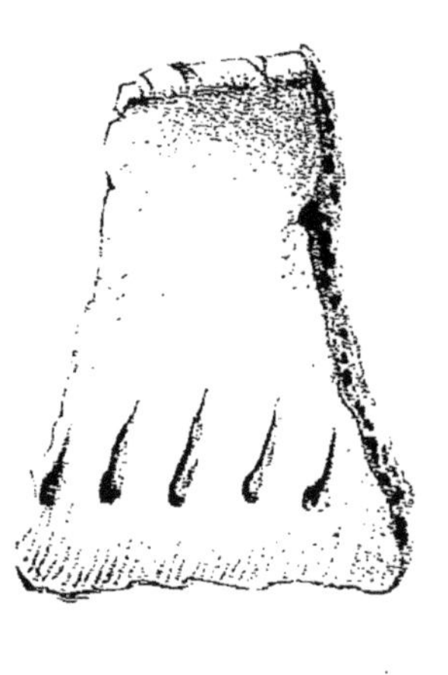

GROTTE SÉPULCRALE D'AUBUSSARGUES (GARD)

Lith. par L. Wuhrer.   Imp. Becquet, Paris.   L. Dumas. del.

Poteries Gauloises

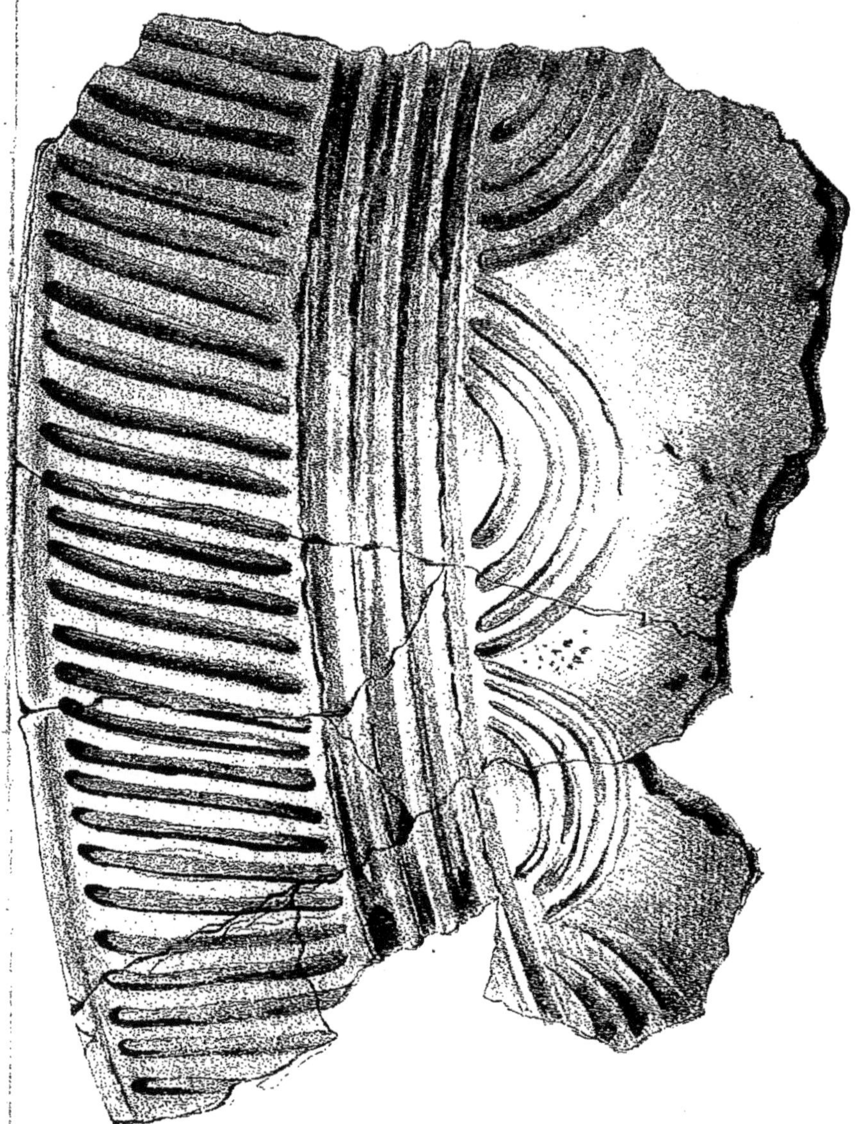

GROTTE SÉPULCRALE D'AUBUSSARGUES (GARD)

Lith. par L. Wuhrer.   Imp. Becquet, Paris   E. Dumas. del.

tubulaires pour l'adduction de la chaleur. Le tout était
en argile pétrie largement de tiges de graminées hachées.
On y distinguait très-nettement l'empreinte de fragments
de feuilles et d'épillets. En Corse, dit Brongniart, il y a
quelques années encore qu'on faisait entrer l'amiante
dans la composition de certaines poteries communes, pour
leur donner une ténacité et un liant qui leur permettait
de résister à la rupture par la dilatation irrégulière. Dans
le département du Gard, à Lussan, près d'Uzès, deux
tuileries emploient des marnes grises néocomiennes très
maigres, par conséquent peu tenaces; pour leur donner
plus de consistance et les empêcher de se fendiller en
séchant, on y mêle, à défaut de sable, huit parties de
crotin de cheval sur cent parties d'argile.

Brongniart (1), recherchant la nature de la matière
qui colore en noir ces poteries, trouva que cette coloration provient d'une faible dose de charbon introduite dans
la pâte ; et il explique la conservation de cette couleur
par le faible degré de cuisson auquel ont été soumises les
poteries, qui, en effet, deviennent tout à fait rouges, si on
les expose à un feu plus vif.

Un tesson, provenant de la grotte d'Espinassous, comme beaucoup d'autres aussi de diverses localités du Gard,
confirme cette opinion. Ce fragment, épais d'un centimètre et demi, est rougeâtre à l'extérieur ; la couleur
noire n'apparaît qu'à quelques millimètres dans la pâte,
qui prend une teinte progressivement plus foncée, jusqu'au
noir intense à la paroi interne.

Le musée de Zurich possède des torches ou couronnes
d'argiles, pêchées parmi les débris des habitations lacus-
tres, où ce mélange de charbon est très considérable : on
y voit distinctement à l'œil nu des parcelles de charbon de
bois. Mais il est possible aussi que ce charbon ne soit que

(1) *Traité des arts céramiques*, t. 1, p. 483.

le produit de la combustion des fragments végétaux, introduits dans la pâte pour y jouer le rôle des corps étrangers, spath calcaire et scories volcaniques, dont nous venons de parler.

IIe DIVISION.

Poteries tyrrhéniennes (1).

Ce genre de poteries n'a laissé que peu de traces dans la région qui nous occupe. Importés à l'époque de l'établissement des Grecs à Marseille, ces vases ne furent guère en usage que dans les cérémonies funèbres, et les débris qu'on trouve dans le midi de la France proviennent surtout des sépultures. On en connaît cependant, en quantité très appréciable, qui ont été exhumés des ruines de maisons d'habitation ; d'où la conséquence qu'iis n'avaient pas, dans la Gaule méridionale, une destination exclusivement funéraire. Les tombeaux de la voie romaine, à Orange, en ont fourni quelques spécimens à nos collections; on en a trouvé aussi quelques débris à Nimes et dans les oppidums de Villevielle, près Sommière, et de Nages, près de Calvisson. Ils ne sont même pas très-rares dans ce dernier gisement.

La pâte est dure, épaisse, et d'un jaune rougeâtre. La couverte est noire, très-mince; le fond d'un fragment de patère trouvé à Nimes est orné d'un cercle rouge sale, entouré de noir en dedans comme à l'extérieur. Un fleuron plus ou moins rotiforme, obtenu par l'application d'une matrice sur la pâte encore molle, décore le fond de

(1) Dénomination empruntée à Brongniart, *Traité des arts céramiques*, et qui n'a pas obtenu parmi les archéologues le succès auquel elle paraissait pouvoir prétendre, à l'époque où Emilien Dumas l'a adoptée, à l'exemple du maître.

plusieurs patères recueillies en morceaux par MM. Aurès et Flouest à l'oppidum de Nages, et déposées par eux au musée municipal de Nîmes. Un fragment, que nous avons trouvé à Villevieille, montre également cette particularité. Un autre, provenant d'Orange, porte à l'extérieur le mot ΔΟΛΟΥ en caractères grecs, vigoureusement et nettement gravés à la pointe sèche dans la terre cuite ; la dernière lettre de ce mot a tout à fait la forme de notre *y* majuscule (1).

Ces poteries communes ne tardèrent pas à être imitées par les potiers indigènes : quelques paillettes de mica dans la pâte des fragments trouvés à Villevieille trahissent l'ancienne habitude gauloise. Elles obtinrent d'ailleurs un immense succès. La faveur que leur témoignèrent les populations gauloises persista malgré l'occupation romaine, et lorsque, après les grandes commotions du IIIe siècle, les usages anciens redevinrent en honneur et remplacèrent les modes selon le goût romain, l'art national réapparut, et avec lui les vases de couleur noire, qui furent bientôt dominants. On fabriqua notamment de larges coupes et des plats, auxquels le nom plus noble de patères peut encore convenir. Ce genre de fabrication rappelle étroitement celui qu'on prisait tant avant l'invasion de César, et qui constitue une des divisions principales des *poteries tyrrhéniennes* de Brongniart.

La tradition s'en maintint au moins jusqu'à l'époque mérovingienne. On rencontre, dans un grand nombre de

---

(1) Le musée archéologique de Nîmes possède un très-petit vase en terre rouge, à glaçure noire, de provenance ignorée, mais très-probablement locale, sous la base duquel on remarque aussi, gravées au burin, deux lettres grecques majuscules. M. Flouest, dans une savante étude à propos d'une *marque probable de jaugeage à l'époque de la domination romaine en Gaule*, étude publiée en 1875 dans la *Revue des Sociétés savantes*, série 6, t. 1, a figuré et décrit ce petit vase, dont il signale la facture éminemment grecque.

collections publiques ou privées, dans le Midi, de grands plats noirs dont le fond est orné de dessins géométriques souvent tracés au pointillé, et parfois rechampis en couleur blanche ou rouge. Ces poteries remontent vraisemblablement au ve ou vi[e] siècle, et forment un groupe bien délimité et encore inédit, qui attend la monographie à laquelle avait songé Tournal, de si sympathique mémoire, et que la mort l'a empêché de mener à bonne fin.

Au surplus, on fabrique encore de nos jours, à Saint-Quentin, dans l'arrondissement d'Uzès, des couvercles, dits *plats-à-omelettes*, dont la forme, absolument identique à celle des patères grecques, est certainement le résultat de la tradition.

IIIe DIVISION.

Poteries gallo-romaines.

L'établissement des Grecs sur notre littoral ne paraît pas avoir apporté une grande amélioration à l'art céramique de nos contrées; mais les exemples ou la concurrence des céramistes venus d'Italie ne tardèrent pas à améliorer sensiblement la fabrication indigène : on voit, en effet, la pâte, la forme et les ornements se modifier peu à peu dans le sud de la France et les produits des potiers gallo-romains devenir enfin difficiles à distinguer des poteries romaines.

Cependant nous classons parmi les poteries gallo-romaines, parce que leur pâte est saturée de fragments de spath calcaire, les grands *dolium* dont les débris se rencontrent en si grand nombre dans les ruines des anciennes cités romaines, où ces vases gigantesques tenaient lieu de silos impénétrables à l'humidité (1). La fabrication

(1) On a trouvé à Sommière, à Aujargues, à la Bastide-d'Engras,

des torches, destinées à supporter les vases apodes, est aussi bien plus perfectionnée à cette époque que celles dont nous avons déjà vu commencer l'usage dans les temps plus reculés.

IVᵉ DIVISION.

Poteries romaines du Haut-Empire.

Nous comprenons sous ce titre toutes les poteries d'importation romaine ou fabriquées en Gaule, mais par des procédés exclusivement romains, jusques vers le ivᵉ siècle de l'ère chrétienne.

Ce genre de poteries comprend des produits de provenance, de forme et de composition bien diverses. Les plus remarquables entre tous sont les poteries rouges, dont les débris nombreux attestent, partout où on les rencontre, à défaut de monuments plus considérables, le séjour en ces lieux des anciens dominateurs des Gaules.

Ces poteries tiennent de l'île de Samos le nom sous lequel elles sont depuis longtemps désignées et le plus communément encore, malgré l'opposition spécieuse de quelques auteurs. Il est, en effet, bien réellement démontré aujourd'hui que les Romains ne firent que rivaliser avec les célèbres potiers de Samos, mais sans les copier. Si le nom de poterie samienne a été conservé à leurs produits, c'est parce que ce nom est commode pour désigner un groupe de terres cuites dont le caractère saisissant se retrouve dans presque toute l'Europe et dans toutes les

---

des silos taillés dans le roc ou creusés dans la terre, de même forme que les *dolium* gallo-romains ; on les revêtait d'une couche d'argile qui les garantissait des infiltrations. Ceux que nous avons vus aux environs de Sommière sont taillés dans la molasse coquillière, et protégés contre l'invasion des eaux pluviales par de petites rigoles poussées dans une direction opposée à l'ouverture du silo.

colonies romaines, en Afrique comme en Asie. «A ceux qui critiqueraient ce nom, fait observer très-judicieusement Schuermans, comme comprenant un trop grand nombre de poteries non fabriquées à Samos, ne peut-on opposer le nom, général aujourd'hui , de faïences, appliqué à des vases qui, certes, sont loin de provenir tous de la ville de Faënza ».

Les archéologues anglais ont donné à cette poterie le nom de *Samian ware* (poterie samienne), nòm que les Hollandais lui ont conservé; en Italie, on la désigne sous le nom de *Terra sigillata*, qualificatif qui n'est pas toujours justifié, ou de *Terra aretina* et de *Vasi arettini*, de l'ancienne Aretium, aujourd'hui Arezzo, dans la Toscane, qui fut le siège d'importantes fabriques. Il est même à peu près universellement admis aujourd'hui que c'est à Aretium que fut inventé le type des vases rouges, dont la couleur et l'éclat rappellent ceux de la cire d'Espagne. Les Anglais prétendent que la marque distinctive des fabriques de cette localité est une main ou un pied imprimé au fond du vase.

La vallée du Rhône, objet principal de nos recherches, occupée par les Romains dès le siècle d'Auguste, fut aussi le siège de fabriques importantes : Lyon, Vienne et la petite localité voisine de Sainte-Colombe étaient des centres de fabrication où l'on a découvert de nombreux fours à potiers; les argiles de Vaison, d'Orange, d'Apt, étaient exploitées par les Romains ; mais rien ne dénote que les beaux gîtes d'argile réfractaire des environs d'Uzès leur fussent connus, et l'on ne sait sur quoi repose l'assertion de Caylus, disant que la ville de Nimes alimentait de ses produits une partie des Gaules : dans les environs de cette ville, il n'y a point de terre à potier. La découverte de quelque entrepôt ou d'un antique magasin aura sans doute donné lieu à cette supposition, qui n'a rien de fondé.

D'après la classification qu'Emilien Dumas établit

dans sa riche collection, qui sert de base à cette étude, nous diviserons les poteries romaines du Haut-Empire, dans la vallée du Rhône, en quatre sortes principales :

1° Les poteries en terre rouge unies, à vernis *mat* ou *brillant;*

2° Les poteries en terre rouge lustrée, avec ornements extérieurs en relief;

3° Les poteries à vernis plombifère jaune, vert ou polychrome ;

4° Les poteries grossières et sans lustre.

1° POTERIES EN TERRE ROUGE UNIES,

A VERNIS MAT OU BRILLANT.

Les vases rouges , si longtemps en usage dans les Gaules comme dans toutes les autres parties du vaste empire romain, sont, nous l'avons déjà dit, les produits céramiques les plus remarquables de cette période ; mais il convient de les séparer en deux classes, dont l'une comprendra les vases à parois extérieures unies, et l'autre ceux décorés à l'extérieur de sujets en relief.

L'éclatante couleur de cette poterie , ses formes gracieuses, partout les mêmes dans toutes leurs variations, décèlent à l'œil le plus inexpérimenté son antique origine. Cependant le vernis qui la recouvre, et qui a traversé tant de siècles sans subir la moindre altération, ne présente pas toujours le même éclat sur toutes les pièces. Les tombeaux de la voie romaine, à Orange, et ceux de plusieurs autres points de notre territoire ont fourni à nos collections des vases destinés évidemment aux usages funèbres, sous la forme de coupes, de coupelles, de plats, de patères, et un *præfericulum* d'un galbe parfait : la plupart de ces poteries sont à couverte mate ; leur pâte, tendre et perméable, ne permet guère de supposer qu'elles pouvaient avoir une autre destination que celle de l'accomplissement des rits funéraires.

Au contraire, les poteries à glaçure brillante se rencontrent presque toujours sous les ruines des habitations, où elles servaient surtout aux usages de la vie domestique et à l'ornementation.

De quoi les anciens composaient-ils ce lustre, si mince qu'il est très-difficile, en grattant avec la plus extrême délicatesse la paroi d'un vase, d'en détacher une quantité pure et sans mélange de terre, capable d'être soumise à l'analyse chimique? Malaguti l'a trouvé ainsi composé d'un silicate alcalino-terreux, coloré par un oxyde de fer. Tournal pense également qu'il devait être fabriqué avec de la sanguine argileuse et de la soude (1). Nous verrons plus loin que les Romains connaissaient, en effet, l'emploi des divers oxydes pour varier la couleur de leurs vernis. Quoi qu'il en soit, et malgré le puissant secours de la chimie, les modernes n'ont encore pu parvenir à recomposer cette belle couverte rouge.

En quelque contrée de l'Europe qu'on exhume ces poteries, la densité, la finesse et la couleur rouge de la pâte sont partout les mêmes, et cette identité surprenante de composition est un autre problème qui n'a pas encore été résolu ; car il est impossible, en effet, d'admettre que les potiers romains fissent tous venir du même point la terre dont ils se servaient. On présume, dit Brongniart, (*Arts céramiques*, t. I, p. 423) que, choisissant des argiles presque sans couleur, et propres à fournir une pâte fine et dense, ils leur donnaient la couleur rouge capucine par des proportions appropriées d'ocre rouge introduite dans la pâte.

Si les potiers romains n'ont pas transmis à leurs successeurs le secret de la composition de leur pâte et de

(1) *Catalogue du musée de Narbonne*, p. 69.

l'éclatant vernis qui la recouvre, ils ont du moins laissé leurs noms à la postérité : c'est une compensation pour l'archéologue.

En général, presque tous les produits de la céramique romaine, poteries fines comme poteries grossières, portent, gravé au moyen d'une estampille en terre cuite ou en métal, le nom du potier qui les a moulés, de l'artiste qui en a fourni le modèle, ou de la fabrique qui les a livrés au commerce.

Malgré l'assertion trop affirmative du savant conservateur du musée de Narbonne (1), que nous venons de citer plus haut, il est peu probable qu'une loi spéciale contraignit les potiers romains à une pratique qu'ils n'ont pas tous suivie, car il n'est pas rare de rencontrer des terres cuites dépourvues de ces indications. C'était bien plutôt un usage général qu'une loi impérative, usage sans doute imité des artistes grecs et maintenu par la tradition.

L'examen des noms de potiers, qui sont ainsi parvenus jusqu'à nous, démontre que l'immense majorité avait une origine romaine, tandis qu'on en rencontre à peine quelques-uns d'origine évidemment gauloise. Sur 700 noms donnés par M. Roach-Smith, dans son Catalogue du musée de Londres, 10 à peine sont gaulois ; sur 100 noms recueillis dans l'Amiénois par M. Dufour, un seul nom, DUROTIX, appartient aux indigènes ; parmi les pièces recueillies dans l'ancienne Champagne, Grivaud de la Vincelle n'indique de noms vraiment gaulois que ceux de DIVIX, VEXIVIX et BETURIX ; parmi ceux provenant de Poitiers, publiés par M. de Longuemar, les noms de VIRECU et CRICIRO, qu'on retrouve sur les monnaies gauloises frappées à Lyon, et sur le recueil d'inscrip-

(1) *Op. cit.*, p. 78. « On sait que les lois romaines prescrivaient l'obligation de placer une marque de fabrique sur tous les produits exécutés avec de la terre cuite ».

tions gallo-romaines de Longpérier, sont à peu près les seuls qui n'offrent aucune incertitude sur leur origine ; un troisième nom, Xivi, recueilli également aux environs de Poitiers, pourrait n'être qu'une abréviation de Vexivix, que nous venons de citer.

Il est certain, cependant, d'après les restes de fours et de tous les accessoires de fabrication trouvés en Champagne , dans les ruines de Châtelet ; à Tournon-sur-Allier, dans le Bourbonnais ; tout récemment encore, en 1871, à Banassac, dans la Lozère, à Vienne et autres lieux , que les potiers gaulois ne manquaient pas sur notre territoire ; si les noms romains sont les plus nombreux parmi les débris de cette époque, on trouve à côté d'eux ceux de *Germanus, Aquitanus, Gallicanus* (celui-ci dans notre collection), qui prouvent d'une manière évidente que chaque contrée fournissait son contingent de potiers.

Les fabriques de poteries romaines étaient donc très-nombreuses, non-seulement en Gaule , mais probablement dans toute l'Europe romaine, et certainement dans la péninsule ibérique : les tombeaux d'Orange ont fourni de nombreux spécimens de vases portant des noms en caractères que nous croyons celtibériens ; il en existe au musée de Narbonne, et nous en possédons quelques-uns.

Nous donnons en fac-simile, à la fin de ce Mémoire, la représentation de toutes les marques de fabrique que nous avons trouvées dans la collection d'Emilien Dumas. Elles sont au nombre de 224, et classées par ordre alphabétique. Nous allons les reproduire ici en suivant le même ordre , et en indiquant pour chacune d'elles la place qu'elle occupe sur le fragment de vase ou sur le vase trop rarement complet qui la porte, ainsi que l'origine du vase ; les caractères archaïques seront spécialement notés. Ces indications succinctes seront quelquefois suivies de la lecture du sigle, lorsqu'elle paraîtra nécessaire ou possible. Dans la nomenclature de cette collection, nous intercalerons quelques sigles qu'Emilien Dumas a relevés à l'estampage au papier mouillé, ainsi que certains autres que nous avons copiés nous-mêmes, sur les poteries samiennes de plusieurs collections privées.

Selon l'usage, nous avons mis entre parenthèses les lettres si fréquemment liées dans ces sortes d'inscriptions, et entre crochets [ ] et en caractères minuscules, celles qui nous ont semblé devoir être ajoutées, pour en compléter ou expliquer la lecture.

MARQUES DE FABRIQUE

sur poteries rouges lustrées, sans relief.

A.

Pl. I, fig. 1. [Officina] ALBANI. Sur le fond et à l'intérieur d'un fragment de coupe. Orange, enceinte des remparts romains, dans le cimetière actuel.

Schuermans, *Sigles figulins*, 1867, n° 175.

ALBANI M[anu]. Sur le fond intérieur d'une patère, rouge terne, trouvée à Nimes derrière le temple de Diane. Collection Bérard, de Nimes.

Sch., n° 176.

— fig. 3. OF ALBANI. Fragment de coupe. Orange, enceinte des remparts romains.

Sch., n° 179.

— fig. 2. C(NA)·ALB. Fragment de coupe. Orange, le long de la voie romaine, au quartier du Peyron.

ANNI || CRISP. Patère. Orange , voie romaine. (Vue chez un marchand d'antiquités, à Orange).

Sch., n° 336 ANNI, et n° 1755 CRISPI

Pl. I, fig. 4 et 5. OF·APRI. Fragment de coupe. Orange, tombeaux de la voie romaine, au quartier du Peyron.

Ces deux marques proviennent de la même matrice, mais une reprise de l'ouvrier a produit, sur celle que représente la figure 5, une répétition de la moitié inférieure des 3 dernières lettres.

Sch., n° 491 ; — Aurès, *Marques de fabrique du Musée de Nîmes ,* 1876, pl. III, n° 39.

— fig. 6. OF APRI˙C. Patère. Orange, au quartier de Bénicroix.

OF ARDA. Au fond d'une coupe, vernis rouge terne, vue chez un marchand, à Orange. Orange, tombeaux de la voie romaine.

Sch., n° 465, OF·ARDA.

— fig. 7. FE - ARD(AN). Fragment de patère . Orange, enceinte des remparts romains.

— fig. 8. ARTA. Fragment de patère. Orange, même localité.

— fig. 9. AT(EI). Fragment de coupelle. Orange, tombeaux de la voie romaine.

— fig. 10. A(TE)I. Fragment de coupelle. Orange, enceinte des remparts romains.

Sch., n° 535.

— fig. 11, 12, 13. ATEI. Trois marques distinctes, par la dimension et la forme des lettres, sur fragments de coupelles et d'une belle patère. Les n°ˢ 11 et 13, à Orange, dans l'enceinte romaine ; le n° 12, à

Nimes, dans l'ancien cimetière de la porte de la Madeleine.

Sch., n° 532.

Pl. I, fig. 14. OATEI. Fragment de coupelle. Orange.

— fig. 15. ATEI M[anu]. Fragment de patère. Ville-vieille, près Sommière.

— fig. 16. CN·(AT)EI. Fragment de coupe. Orange, tombeaux de la voie romaine.

Sch., n° 536.

— fig. 17. CN·(AT)EI. ‖ O. Cette dernière lettre ressemble à un D rétrograde. Sur un fragment de patère. Orange, enceinte des remparts romains.

G·(ATE)I. Fragment trouvé dans la plaine de Nages (Gard), par M. Ed. Flouest (1).

Aurès, *Marques de fabrique du Musée de Nimes*, pl. VIII, n° 91, et p. 29.

— fig. 18. AVE VAL. Le premier A archaïque. Frag-

(1) M. Flouest, dans une *Note sur trois marques de fabrique de verriers, à l'époque de la domination romaine en Gaule*, publiée dans la *Revue des Sociétés savantes*, 6ᵉ série, t. I, 1875, a figuré et décrit une marque de verrier trouvée à Nimes, dans les déblais opérés sur la promenade du Cours-Neuf : A·V·M·CN·A·LVGV· circulaire, et au centre A·F, que notre savant confrère de l'Académie de Nimes, M. E. Germer-Durand a expliquée ainsi : *Artemisii Valerii Manu*, *CNeus Ateus LVGVduni*, *Atei Fabrica* (*). On apprend par cette estampille, ajoute M. Flouest d'après M. Germer-Durand, que Cneus Ateus, si connu pour avoir signé un grand nombre de vases samiens, soit seul, soit comme associé ou directeur des *figuli* Xanthus, Evhodus, Optatus et Mamertus, avait établi à Lyon le siège de son industrie, et il paraît démontré qu'il avait adjoint une verrerie (*Vitrarium*) à sa fabrique de poterie (*Figlina*),

Voir aussi *Mémoires de l'Académie du Gard*, 1872, p. 100 ; et Aurès, *Marques de fabrique du Musée de Nimes*, pl. 20, fig. 213, et p. 84.

(*) L'estampille A·F, *Atei fabrica*, se lit également sur le fond d'une fiole de la collection Rousset, d'Uzès.

ment de coupe. Orange, enceinte des remparts romains, dans le cimetière actuel.

Cette marque est encore inédite. Le Musée d'Avignon possède la pareille au fond d'une patère provenant de Vaison.

Faut-il voir, dans cette empreinte, un sigle ordinaire et lire AVE[nius]VAL[erius] et peut-être mieux AVE[nius]VAL[erii], ou admettre que les vases ainsi marqués, et comme cet autre SALVE PV, également au Musée d'Avignon, servaient à faire des libations à la santé des personnes chéres ?

Sch., n° 638 AVE, et 5549 SEX·VAL.

Pl. I, fig. 19. AVCT ‖ VMB. Au fond d'un fragment de coupelle. Orange, enceinte des remparts romains.

Il paraît possible de lire ici AVCT[us] VMB[risci].

Schuermans donne, en effet, l'un et l'autre nom sous deux sigles distincts : n° 632 (AV)CTVS, et 5,890 VMBRISCI ; et M. Leblanc, *Musée de Vienne*, pl. V, fig. 98, représente le sigle RVFIC ‖ VMBR, qui rappelle la terminaison du nôtre.

Pl. VII, fig. 181. (AV)I. Patère en terre rouge, à vernis terne, ornée d'une ligne circulaire de guillochis au bord supérieur. Orange, tombeaux de la voie romaine.

Sch., n° 667, OFIC·AVI.

B.

Pl. I , fig. 20. BASSI Fragment de coupe, à vernis brillant. Orange, intérieur des remparts romains.

Sch., n° 742 ; Aurès, pl. I, n° 7. p. 4. Voyez plus loin, à la lettre D, l'observation à propos de la fig. 57 , OF DASSI.

Pl. I , fig. 21. BIO Au fond d'une très-petite coupe. Orange, intérieur des remparts romains.

Sch.. n° 814, BIO·FECIT.

C.

Pl. I , fig. 22. OF CALVI. Fragment. Orange.

Sch., n° 1011. Aurès, pl. X, n° 126, p. 38, A archaïque.

— fig. 23. CALVINI. A en forme de V renversé. Fragment de coupe. Nimes, fondations de la nouvelle église Saint-Baudile.

Sch., n° 1016.

Pl. II, fig. 26. OF CALV[ini] ou OF CAVL[i]. Fragment de coupe. Orange, enceinte des remparts romains, dans le cimetière actuel.

Sch. 1017, CALVINI·M.

— fig. 24. OFI CALVI. C rétrograde. Fragment de patère. Orange, même localité.

Sch., 1011, OF CALVI

— fig. 25. CALUS rétrograde. Fragment de coupe ; même provenance.

— fig. 27. CANTIRRI·I. A en forme de V renversé. Fragment de patère.

— fig. 28. OFI·C(AN)T. Fragment de coupe ou de patère. Orange, tombeaux de la voie romaine, au quartier du Peyron.

Sch., 1.041, OF·CANT

Pl. VII, fig. 182. OF CA(NT)I. Patère en terre rouge, vernis terne. Orange.

Pl. II, fig. 29. CARAN Fragment de coupe. Orange, intérieur des remparts romains.

— fig. 31. CARAN. La barre transversale du premier A remplacée par un point; le deuxième A presque illisible. Au fond intérieur d'une coupe. Orange, tombeaux de la voie romaine, quartier du Peyron.

— fig. 30. OF·CARAN. Fragment de coupe. Orange, enceinte romaine. Deux exemplaires.

Sch., 1067.

— fig. 32. OF CARN. pour OF CAR(AN), les deux A en forme de V renversé. Intérieur d'une coupelle. Orange, voie romaine.

— fig. 33. CARA(NT). Le premier A avec un point remplaçant la barre transversale; la lettre R a presque la forme d'un B; le deuxième A en forme de V renversé. Coupe. Orange, enceinte romaine, dans le cimetière actuel.

Sch., nº 1071. CARANT.

— fig. 34. CARA(NT)I. Les deux A en forme de V renversé. Coupelle. Orange, enceinte romaine, terre de Naveau.

— fig. 35. OF CAS. Au fond d'un fragment de coupelle et d'un fragment de coupe. Orange, enceinte romaine, dans le cimetière actuel.

— fig. 36. CAS(TI). Les deux dernières lettres liées en forme de croix latine. Au fond d'un fragment de très petite coupe. Même provenance.

Sch., nº 1136. CASTI.

Pl. II, fig. 38. CA(ST)I. Fragment de coupe. Orange, voie romaine.

Pl.VII, fig. 183. CASTI OF rétrograde, barre transversale de l'A remplacée par un point. Intérieur d'un fragment de patère.

Pl. II, fig. 37. OF CAS(TI). Les deux dernières lettres représentées par une croix latine. Trois exemplaires de cette marque au fond intérieur de 3 patères. Orange, voie romaine, au quartier du Peyron, et au quartier de Bénicroix.

— fig. 39. · CA(ST)I · Fragment de patère. Même provenance.

— fig. 40. OF CASTI. Deux exemplaires. Au fond intérieur de deux patères. Orange, enceinte romaine, dans le cimetière actuel.

Aurès, pl. 4, fig. 51, et p. 18, A formé d'un V retourné.

— fig. 41. CELADI · MAN. Fragment de patère. Orange, intérieur des remparts romains, à la terre de Naveau.

Sch., n° 1219; Tournal, *Musée de Narbonne*.

— fig. 42. CERVE... Fragment de coupe. Orange.

CINNATVS. Patère trouvée à Vaison, conservée chez M. Rousset, d'Uzès.

Sch., n° 1386. CINNATIM .

— fig. 43 et 43 *bis*. C · IVL · CLE [mentis]. Deux coupes. Orange, voie romaine.

Sch., n° 223. M · ALLI CLEMENTIS, et 491 M · ARRECENI CLEMENTIS.

CLOCOS. Patère, chez un marchand, à Orange. Orange, tombeaux de la voie romaine.

COCI. Coupelle trouvée à Vaison ; collection Rousset, d'Uzès.

OF COCI. Patère trouvée à Vaison ; collection Rousset, d'Uzès.

Sch., n° 1500.

Pl. II, fig. 44. COCI OF. Coupelle. Orange, voie romaine.

Sch., n° 1501. COCI - OFIC.

— fig. 45. COLLON. Deux exemplaires , patère et coupe. Orange, enceinte romaine, dans le cimetière actuel.

Sch., n° 1526.

— fig. 46. COSRVF. Coupelle. Orange, enceinte romaine, dans la terre de Naveau. La cassure a presque emporté la dernière lettre, dont il ne reste qu'un faible témoin.

Sch., n° 1646.

— fig. 47. CORIRO. rétrograde. Fragment de patère. Orange, voie romaine.

Pl. VII, supplément, fig. 184. P COR(NE) || DO(NT). Patère. Orange, le long de la voie romaine.

Sch., n° 1611, P CORNE(LI), et 2012, DONTIONI.

Pl. VII, supplément, fig. 185. OF CRA. A douteux. Fragment de coupelle. Orange, enceinte romaine.

Pl. II, fig. 48. OF CRE. Au fond intérieur d'un épais fragment de coupe. Orange , enceinte romaine, cimetière actuel.

Pl. VII, supplément, fig. 187. CRES(TI). Patère. Orange.

Sch., n° 1727, CRESTI.

Pl. II, fig. 50. OF CREST rétrograde. Fragment de coupe. Orange, enceinte romaine, dans le cimetière actuel.

— fig. 49. OF CR(EST)I rétrograde. Fragment de coupe. Orange, voie romaine.

Sch., n° 1733, OF CRESTI.

— fig. 51. OFLCVSANI. Fragment de coupe. Même provenance.

D.

Pl. II, fig. 52. D(AM)ON. Au fond intérieur d'un fragment de patère. Orange, enceinte romaine, dans le cimetière actuel.

Sch., n° 1852, DAMON.

Pl. III. fig. 53. DMON, pour DAMON. Fragment de coupelle. Même provenance.

— fig. 54. D(AM)ONI. Fragment de coupelle. Même provenance.

— fig. 55. [D]AMONO, pour DAMONI OF. Fragment de coupelle. Orange, tombeaux de la voie romaine.

— fig. 56. D(AM)ONVS. Fragment de coupelle et sur un fragment de patère. Orange, même provenance.

Sch., n° 1854.

— fig. 57. OF DASSI. Fragment de coupe. Orange, dans la ville. Un point dans la lettre O ; la partie supérieure des lettres F et D est fruste, ce qui permet de lire, avec plus de raison sans doute, OFBASSI.

— fig. 58. (DAN(CV[s], D rétrograde, A non barré. Lecture très douteuse. Au fond intérieur d'un fragment de coupe. Orange, tombeaux de la voie romaine.

— fig. 59. DOME. Au fond intérieur de deux fragments de patère, provenant, l'un d'Orange, l'autre de Villevieille, près Sommière. Ces deux sigles sont le produit de la même matrice.

— fig. 60. DONAX || (MAE)CI. Fragment de coupelle conique, avec un cordon de stries en creux sur la panse. Orange.

E.

Pl. VII, supplément, fig. 193. OE(MID). Lisez avec doute *Officina* EMID*ii*. Fragment de patère. Orange, enceinte romaine, dans le cimetière actuel.

    Sch., n° 2069, OEM.

Pl. VII, supplément, fig. 188. Q. ENI. Coupelle très gracieuse, ornée d'une double ligne de stries en relief sur le rebord extérieur, et de deux nœuds aplatis pour simuler deux anses. Saint-Romain, près Vaison (Vaucluse).

F.

Pl. III. fig. 61. FELICIS(MA)N. Au fond intérieur de cinq fragments de coupes. Orange, enceinte romaine, dans le cimetière actuel.

    Sch., n° 2196.

— fig. 62. FELICISO. Fragment de patère. Orange, au quartier de Bénicroix.

    Sch., n° 2198.

— fig. 63. FELIX - FEC Fragment de coupe. Orange, enceinte romaine.

    Sch., n° 2207, FELIX - FE, et 2208, FELIX FECIT

Pl. VII, supplément, fig. 189. OFFFIRMO. Au fond intérieur d'une patère. La 2ᵉ et la 3ᵉ F douteuses. — Orange.

    OFFIRMON. Au fond d'un beau vase à reliefs, d'un beau rouge lustré : 0ᵐ 23ᶜ de diamètre. Chez un marchand, à Orange. Des tombeaux de la voie romaine, à Orange.

Pl. III, fig. 65. FRAS·SL·I. Sigle très-mal venu ; lecture

très-douteuse. Fragment de coupe.
Villevieille, près Sommière.

Pl. III, fig. 64. (OF) FRO(NT)I(NI), F dans O. Au fond intérieur de quatre fragments de coupes. Orange, enceinte romaine, dans le cimetière actuel.

Aurès, *Marques de fab. du Musée de Nimes*, p. 8 et pl. 2, fig. 18.

FRO(NT)O. Au fond d'une coupe, vernis terne, vue chez un marchand, à Orange. Orange, voie romaine.

Sch., n° 2332, FRONTO.

G.

Pl. III, fig. 66. GALLI. Fragment de coupelle, à vernis rouge très-brillant Orange, enceinte romaine, dans le cimetière actuel.

— fig. 70. I·AFI ‖ G(AL)LI. Au fond intérieur d'un fragment de coupelle. Orange, même localité.

— fig. 69. GALLIC(AN). Au fond d'un fragment de coupelle. Orange, voie romaine.

— fig. 68. GALLIC(AN)I. Fragment de coupe. Même provenance.

— fig. 67. GALLIM. Fragment de coupe. Même provenance.

Sch., n° 2358.

— fig. 71. GAS(TI). Ces deux dernières lettres en forme de croix latine ; la première, très douteuse, permet de lire CAS(TI). Au fond intérieur d'un fragment de coupelle. Orange, quartier de Bénicroix.

— fig. 72. C·L GEM[ellus]. Fragment de patère. Orange, voie romaine.

Sch., n° 2376, Q·A·GEME.

Pl. III, fig. 73. OF·GER(MA)[ni]. G douteux , peut être un C. Fragment de patère. Orange, enceinte romaine.

GNA. Au fond d'une tasse, chez un marchand d'Orange. Orange, tombeaux de la voie romaine.

I.

OF IC. Coupelle trouvée à Vaison. De la collection Rousset, à Uzès.

Pl III, fig. 74. IIMII ? Fragment de coupelle. Orange , quartier de Bénicroix.

— fig. 75. IIPID, ou ILPID, ou même LEPID[us]. Les deux premières lettres, quoique très-lisibles, sont peut-être mal formées et réduites à des hastes. Sur deux fragments de coupelles d'un très-beau vernis rouge brillant. Orange, dans le cimetière actuel.

Pl. VII, supplément, fig. 190. INGEN ‖ L·(AN)(NI) ? La lettre L séparée de l'A par une boucle ou un cœur que nous représentons ici par un point. Dans un double cartouche , au fond d'une belle patère , de provenance ignorée.

Sch. , n° 2650 , INGEN, et n° 337 (AN)(NI).

— supplément, fig. 191. INVE(NT) ‖ CANN... Fragment de patère. Orange.

Pl. III, fig. 76. OF·IVC(VN)I. *Officina Jucundi*. Fragment de coupelle. Orange, voie romaine.

Sch., n° 2748, OF·IVCVND.

IVCVNDV. Au fond intérieur d'une patère de la collection Rousset, d'Uzès, trouvée à Vaison (Vaucluse).

OF IVLIAEM. Au fond d'une poterie rouge, trouvée à Lodève, quartier du Blazon,
et qui fait partie de la collection Calvet,
de Lodève : d'après un estampage relevé
par Emilien Dumas.

Aurès, pl. XI, fig. 133 et p. 40.

L.

Pl. III, fig. 77. LEGITM·O. Fragment de coupelle. Orange, enceinte romaine, dans la terre de
Naveau.

Sch., n° 2934 ; Aurès, p. 42, pl. 13,
n° 153.

— fig. 78. LEPPI[dus ?]. Fragment de patère. Orange,
enceinte romaine, dans le cimetière
actuel.

— fig. 79. LIBERTF. La dernière lettre, douteuse,
pourrait être un I. Fragment de coupelle. Villevieille, près Sommière.

Sch., n° 2957, LIBERTI·M.

— fig. 80. ·L·P·RSI? Fragment de coupelle, Orange.

Pl. IV, fig. 81. LSSAB ? La seconde S paraît être liée à
un autre caractère, un T probablement.
Dans ce cas, on pourrait voir ici une
variante du sigle L·SS(TA)BI que nous
reproduisons plus loin, pl. VIII, fig. 202.
Fragment de tasse. Orange, voie romaine.

LVCIVS, S rétrograde. Au fond d'une
patère de la collection Rousset, d'Uzès,
trouvée à Vaison (Vaucluse).

Sch., n° 3055.

M.

Pl. VII, supplément, fig. 194. OF MACCA[ri]. Fragment
de coupelle. Orange.
Sch., n° 3120, OF·MACCA.

Pl. IV, fig. 82. (MA)C·RI·M. Fragment de coupelle.
Orange, des tombeaux de la voie romai-
ne. Le point entre C et R représente-t-il
deux lettres (CA) supprimées pour les
besoins de l'espace réservé à l'estampille
et peut-on lire MACCARI-M*anu*; ou,
sans tenir compte du point, doit-on lire
MACRI·M*anu*, comme dans Sch.,
n° 3154?

— fig. 83. MAET[is]. Avec une palme verticale, au
dessous. Fragment indéterminable, dont
le dessous est orné de longues stries
rayonnantes, en creux, Orange, voie
romaine.
Sch., n° 3169 MAETIS.

— fig. 84. OF MAE[tis]. Fragment de coupelle. Orange, voie romaine.
Sch., n° 3167 MAE.

— fig. 85. OF MAS. Fragment de patère. Orange,
voie romaine.
Sch., n° 3373.

— fig. 86. OF MATE[i]. L'A comme un V renversé.
Fragment de patère. Orange, enceinte
romaine, dans le cimetière actuel.
Sch., n° 3409.

— fig. 87. MERCA. Fragment de coupelle. Orange,
voie romaine.
Sch., n° 3529.

Pl. VII, fig. 195. L·MEVII. Fragment de patère. Orange.
Sch., n° 3565 MEVI.

— 39 —

Pl. IV, fig. 91. OF·MO. Au fond d'un fragment de coupelle. Orange, enceinte romaine.
 Sch., n° 3637 ; Aurès, p. 54, pl. 23,
 n° 234, moins le point après OF.

— fig. 88. OF MODESI, pour OF MODESTI. Fragment de patère. Orange, voie romaine.
 Sch., n° 3647, OF MODES, et n° 3650
 OF · MODES(TI) ; Aurès, pl. 6,
 n° 66, p. 22.

— fig. 89. [MO]DEST·F. Fragment de patère. Au
pied du serre de Brienne, près Brignon
(Gard).

— fig. 90. OF MOE. Fragment de patère. Orange, le
long de la voie romaine.
 Sch., n° 3653 OF-MOE.

— fig. 92. OF·MOM. Fragment de coupelle. Orange.
 Sch., n° 3667, OFMOM; Aurès, pl. 5,
 n°·58, p. 20.

Pl. VIII, fig. 201. MOM. Très-petite coupe, ornée de stries
en creux sur le bord extérieur. Ville-
vieille, près Sommière, derrière l'église.
 Sch., n° 3662.

Pl. IV, fig. 93. OF MOM. Fragment de tasse. Nimes, fon-
dation de la nouvelle église de Saint-
Baudile.
 Sch., n° 3667 ; Aurès, pl. 14, n° 168.

— fig. 96. O MOM. Fragment de coupelle. Orange,
le long des tombeaux de la voie romaine.
 Sch., n°ˢ 3665 et 3666, O·MOM.

— fig. 94. OF MON. Deux exemplaires sur fragments de coupelles. Orange.
 Aurès, pl. 16, fig. 181.

— fig. 95. MO(NTA)[nus]. Fragment de coupelle.
Orange, voie romaine ; et au fond inté-
rieur d'une coupelle de même proven.
 Sch., n° 3685.

Pl. IV, fig. 97. OF MO(NT)O. Fragment de coupelle. Orange.

>Sch. , n° 3697... MO(NT)O , et n° 3698 OF MONTO.

— fig. 98. MP-S. S rétrograde. Fragment de coupelle. Orange.

— fig. 99. M(VR)I-PRIS. Fragment de patère. Orange.

N.

Pl. IV, fig. 100. NCIEI, pour N[i]CIEI. Au fond d'une très-petite coupe. Orange, des tombeaux dé la voie romaine.

— fig. 101. OF NGR... pour OF (NI)GR[i]. Au fond d'un fragment de petite patère. Orange, voie romaine.

Sigle mal venu, mais dont la lecture que nous donnons est rendue certaine par une marque plus nette que nous avons vue à Orange, chez un marchand et provenant de la même localité.

Sch., n° 3880, OF NIGR.

NICIA Au fond d'une patère, chez un marchand, à Orange. Même provenance.

— fig. 102. N(VM)... Avec une suite de jambages dans laquelle il serait peut-être permis de lire NVMANI. Au fond intérieur d'un fragment de coupelle. Orange.

O.

Pl. VII, fig. 192. OCIO. C rétrograde. Au fond d'une très-petite coupe, et sur un fragment de coupelle. Orange.

Si on lit tout le sigle en rétrogra-
dant, on a celui donné par Sch.,
n° 3987, OICO.

P.

Pl. IV, fig. 105. PASSENI. Fragment de coupelle. Orange, enceinte romaine, dans le cime-
tière actuel.
Sch., n° 4121.

— fig. 106. OF-PASSIN. Patère. Orange. La forme
de la dernière lettre autoriserait à
lire OF-PASSI(EN)[i].

Pl. VII, supplément, fig. 186. PAT rétrograde; un
point sous l'A en forme de V ren-
versé. Fragment de coupelle. Orange.

Pl. IV, fig. 103. OF PA(TR)IC. Patère. Orange.
Sch., n° 4199.

— fig. 104. OF-PA(TR)ICI. Patère. Orange.

— fig. 107. PE(TRV)S. Petite coupe. Orange, des
tombeaux de la voie romaine.
Les lettres TRV, soudées ensemble,
sont assez peu distinctes pour auto-
riser ici la lecture du sigle que donne
Sch., n° 4299, PE(RV)S.

— fig. 108. PLOTb?I || RVFI. Fragment de cou-
pelle. Orange, enceinte romaine.
Sch., n° 4342, P. PLOTI || ALBANI.

Pl. V, fig. 109. OF PONTI. Fragment de patère. Orange.
Sch., n° 4375.

— fig. 110. POTITI-(MA). Au fond d'une coupelle.
Orange.

— fig. 111. PRIMI. Fragment de patère. Orange.
Sch., n° 4426.

— fig. 112. OF-PRIM. Sur un épais fragment d'un
beau rouge lustré. Orange.

Pl. V , fig. 115. OF PRIM. Patère, d'un vernis terne. Orange, quartier de Bénicroix. Sch., 4418.

— fig. 113 et 114. PRIMIFE. Fragments de coupes ; deux exemplaires. Orange.

— fig. 116. OF PRIMI. Fragment de coupelle. Villevieille, près Sommière, quartier de Belleau. Sch., nº 4432 ; Aurès, p. 52 et pl. 23, fig. 230.

— fig. 117. OF PRIMI. La dernière lettre est douteuse : elle a l'obliquité du prémier jambage de la lettre V. Fragment de coupelle d'un beau rouge brillant. Orange, enceinte romaine.

— fig. 118. PRIMIS OF (F dans O). Fragment de coupelle. Orange.

— fig. 119. O. IVL. PRIM Fragment. de coupelle. Orange.

— fig. 120. PRIMV. Fragment de coupelle. Orange. PRIMVS F. Patère Nimes, collection Révoil, d'après un estampage relevé par M. Emilien Dumas. PRIVATI. Patère. trouvée à Vaison ; de la collection Rousset, d'Uzès. Sch., nº 4482, PRIVATI·M.

— fig. 121. PROTIS. Fragm. trouvé par M. Flouest dans les ruines d'Ambrussum, sur les bords du Vidourle (Hérault).

— fig. 129. OF PV(DE)(NT). Voir à la lettre R.

— fig. 122. PVGN. Fragment d'une coupelle conique. Orange, enceinte romaine, dans le cimetière actuel.

Pl. VIII, fig. 196. PVPI ; au-dessus, une palme ; le tout, dans un cartouche triangulaire. Au fond d'une patère , de provenance ignorée.

Q.

Pl. V , fig. 123. QVINTILIAN [i. manu]. Fragment de patère. Orange, intérieur des remparts romains.

Sch., n° 4575, QVINTILIANI.

QVAR(TM) [Quarti manu]. Patère, chez un marchand à Orange, d'après un estampage relevé par Emilien Dumas. Orange, tombeaux de la voie romaine.

Sch., n° 4560, QVARTVS.

R.

Pl. V , fig. 124. ROGAT. Fragment de coupelle conique. Orange, enceinte romaine.

— fig. 121. ROGATI · OF. Sur un très petit fragment. Orange, tombeaux de la voie romaine.

— fig. 126. ROGATI · (MA). Fragment de coupelle conique , d'un vernis très brillant, Orange.

— fig. 128. ROG [ati manu]. Très petit fragment. Villevieille, près Sommière.

— fig. 129. OF RV(DE)(NT) ou mieux OF PV-(DE)(NT) [is]. Fragment de coupelle. Orange, quartier de Bénicroix.

Il n'est guère possible d'interpréter ce sigle que de la seconde manière. La confusion de l'R avec la lettre P ne provient que d'un accident de la pâte.

Sch., n° 4523 OF PV(DE)NT.

— fig. 130. RVFINVS. Au fond intérieur d'un fragment de patère. Orange, des tombeaux de la voie romaine.

Sch., n° 4780.

Pl. V, fig. 127. RVFINI. Au fond d'une petite coupe. Orange.

Sch., n° 4771.

— fig. 131. RVFR dans la forme d'un pied. Sur un petit fragment de poterie rouge très-brillant, sans indication d'origine.

— fig. 132. RVPIN. La lettre P a la forme du P celtibérien : une haste verticale au sommet de laquelle une barre plus courte pendant à droite. Fragment de coupelle. Orange, intérieur des remparts romains.

— fig. 133. RVPIN rétrograde. Même observation que ci-dessus pour la lettre P. Fragment de coupelle, en terre rouge jaunâtre, à couverte rouge.

— fig. 134. OF · RVST [ici]. Patère. Orange.

Sch., n° 4799. RVST.

— fig. 135. OFI · (RV)ST [ici]. Patère. Orange, enceinte romaine.

S.

Pl. V, fig. 136. OFFSAB. Sur un épais fragment de coupelle. Orange.

Sch., n° 4816. OFF · SAB.

— fig. 137. OFFSAB. A en forme de V renversé. Fragment de coupelle conique. Orange, enceinte romaine.

— fig. 138. OFF SABI. Fragment de coupelle. Orange.

— fig. 139, OF · SABIN Fragment de coupe avec et restes de reliefs à l'extérieur. Deux pl. X, fig. 4 et 4°. exemplaires de la même marque, tous

les deux à reliefs extérieurs différents.
Nous en reparlerons au § 2. Orange.

Pl. V, fig. 140. OF · SAR(RM) pour Of. Sarrani ? Fragment de patère. Orange, intérieur des remparts romains.

Pl. VI, fig. 141. OF SEC [undi]. Sur une moitié de tasse. Orange, même localité.
Sch., n° 5013.

— fig. 142. AFI · SECV. Les trois premières lettres rétrogrades. Sur un fragment de forme indéterminable. Orange, intérieur des remparts romains.
Sch., n° 5021. OF SECV.

— fig. 143. [O]F · SECVN. Sur un fragment de forme indéterminable. Même provenance.

— fig. 144. OF SECVN La lettre S est couchée. Au fond intérieur d'une moitié de coupelle dont le bord intérieur est orné de stries en relief. Même provenance.

— fig. 145. OF SEC(VND). Fragment de coupelle conique. Orange, voie romaine.

— fig. 146. SECVN · DI. Au fond de deux fragments de coupes. Orange.
Sch., n° 5043, SECVNDI, et Aurès, p. 52, pl. 23, fig. 228.

— fig. 147. SECVN(DI). Fragment de coupelle conique. Orange, voie romaine.
Sch., n° 5046.

— fig. 148. SECVNDI. Gravé à la pointe sèche au fond extérieur d'un fragment de coupelle, sur le fond intérieur de laquelle se trouve le sigle OFNGI... déjà reproduit à la lettre N. Orange, des tombeaux de la voie romaine.

Pl. VI, fig. 149. SECVNDVS F. - Fragment de patère.
Orange.

Sch., n° 5058.

Ç · S(ENI). Petit gobelet évasé, vu chez
un marchand d'Arles. Arles, les Aliscamps.

— fig. 150. SENI. Au fond d'une moitié de très-
petite coupe, d'un beau rouge lustré.
Orange.

Sch., n° 5083, OF SENI.

— fig. 151. SENICIOF. Fragment de coupelle. Orange, des tombeaux de la voie romaine.

Sch., n° 5088.

— fig. 152. SENOM. Au fond d'une coupelle et d'un
fragment de patère. Orange, des tombeaux de la voie romaine. Nous avons
vu le même sigle sur une patère de
Vaison (Vaucluse), dans la collection
Rousset, d'Uzès.

Sch., n° 5103, SENO · M.

— fig. 153. OF SENQ(VRI). S rétrograde, Q douteux. Sur le fond intérieur d'une moitié de coupelle conique, et sur un fragment de coupe. Orange, intérieur des
remparts romains.

— fig. 154. OFSEVER. Fragment de petite coupe.
Orange.

Sch., n° 5159.

— fig. 155. OFSEVERI. La lettre V est très ouverte.
Au fond intérieur d'un fragment de
coupelle conique, et de trois fragments
de patères.

Sch., n° 5168 ; Aurès, p. 45, pl. 13,
fig. 161.

— fig. 156. OF · SEXCN. Fragment de coupelle.

Orange, enceinte romaine, dans le cimetière actuel.

Sch., n° 5197.

Pl. VI, fig. 157. CSILVI. La première lettre est peut-être un G. Patère. Orange, tombeaux de la voie romaine.

Sch., n° 5244 C·SILVI, S renversé.

La fig. 158 représente le même sigle dont la première lettre est empâtée. Au fond d'une petite coupe et d'un fragment de patère._Orange, enceinte romaine.

Aurès, *Marques de fabrique du Musée de Nimes*, p. 14, pl. 3, fig. 36.

— fig. 159. OF SILVI. Fragment de coupelle conique. Orange, des tombeaux de la voie romaine.

SILVIVS. Au fond d'une patère provenant de Vaison, de la collection Rousset, d'Uzès.

— fig. 160. SVLPICI. Fragment de petite coupe. Orange, enceinte romaine.

Sch., n° 5337.

— fig. 161. OF SVLPICI. Sur une moitié de coupelle conique. Orange, voie romaine.

Sch., n° 5338.

— fig. 162. SVM[.......]IN ? La première lettre rétrograde. Au fond intérieur d'un fragment de coupelle. Orange, enceinte romaine.

Pl. VIII, supplément, fig. 197. SCO[....]LIAS. Scottius? Sigle très-confus, au fond d'une belle patère. Orange, des tombeaux de la voie romaine.

Pl. VIII, supplément, fig. 202. L·SS(TA)BI. Au fond

intérieur d'un fragment de coupelle.
Orange.

T.

Pl. VI , fig. 163. TAVAF. Incuse et rétrograde. Sur le
fond intérieur de six fragments de
vases coniques. Orange, intérieur des
remparts romains, dans le cimetière
actuel.

— fig. 164. TERT[ius fecit] ? Au fond d'un fragment
de patère. Villevielle, près Som-
mière.

L'incertitude qui résulte de la cassure ne permet pas de rapporter sûre-
ment cette marque à aucune de celles
citées par les auteurs.

— fig. 168. (TE)RTIVS. Fragment d'une très-petite
coupe. Orange, voie romaine.

Sch., n° 5445, TERTIVS.

— fig. 165. T·IVL·APA. Le dernier A en forme de
V retourné. Sur un petit fragment de
poterie très épaisse. Orange.

Aurès, *Marques de fabrique du
Musée de Nimes*, p. 38 , pl. X ,
fig. 124.

— fig. 166. OF·TR-(MA)SCV. Fragment de patère
très-épaisse , ornée en dedans de
stries entrecroisées. Orange, enceinte
romaine, dans le cimetière actuel.

Sch., n° 5509 , TR et n° 3391 ,
OF (MA)SCV.

— fig. 167. OF I(TR)(MA)S. Un point entre les deux
derniers jambages de la lettre M. Sur
deux fragments de coupelles.

Orange, enceinte romaine.

V.

Pl. VII, fig. 171. VENALISM. Fragment de patère. Orange, enceinte romaine.
> Sch., n° 5610, VENALIS ‖ M.

— fig. 172 VICTOR. Fragment de petit vase. Orange.
> Sch., n° 5720.

Pl. VIII, fig. 200. VIII rétrograde ? Au fond intérieur d'une très-petite coupe, ornée en dehors et au bord supérieur de trois ou quatre lignes de stries en relief et de deux nœuds aplatis pour figurer les anses. Saint-Romain, près Vaison (Vaucluse).

Pl. VII, fig. 173. VIMI. Fragment de coupelle. Orange.
> Sch., n° 5758, VIMIF.

— fig. 174. OF VIRIS ? Les deux dernières lettres douteuses. Fragment de coupelle. Orange, voie romaine.

Pl. VIII, fig. 198. OF VI(TA). Patère, derrière laquelle on lit, gravées à la pointe sèche, les lettres HIS. Orange, des tombeaux de la voie romaine.
> Sch., n° 5841.

Pl. VII, fig. 175. VITVL. Lettres perlées à leurs extrémités, au dessus d'une ligne de perles. Fragment de patère. Orange, tombeaux de la voie romaine.

— fig. 176. VITVLI. Fragment de coupelle. Orange, enceinte romaine.

Pl. VI, fig. 169. VMBRI. Sur deux petits fragments. Orange.
> Sch., n° 5890, VMBRISCI.

VOL. Au fond d'une tasse à vernis terne.

4

Orange, chez un marchand. D'après un estampage relevé par Emilien Dumas. Orange, voie romaine.

Pl. VI, fig. 170 bis. VOLV. Au fond d'une petite coupe. Orange , des tombeaux de la voie romaine.

Sch., n° 5908, VOLVS.

— fig. 170. C · VOLV. Orange, des tombeaux de la voie romaine.

Pl. VIII, fig. 199. VTIL || IS FE. La dernière lettre douteuse. Au fond intérieur d'une petite coupe cylindroïde ; pâte rouge jaunâtre. Orange, des tombeaux de la voie romaine.

X.

Pl. VII, fig. 177. XAN. Patère. Orange, enceinte romaine, dans le cimetière actuel.

Sch. n° 5971 ; Aurès, pl. 5, fig. 57, XA(NT)I.

— fig. 178. XIM[···]IF. Fragment de patère. Orange, même localité.

Z.

ZOILI. Au fond d'une patère, trouvée à Trinquetailles, près d'Arles. Collection Ch. Dombre, de Nimes, d'après un estampage relevé par Emilien Dumas. '

Sch., n° 5997.

Pl. VII, fig. 179. Une rosace à dix ou onze feuilles en relief, entourées chacune d'une feuille en creux, au fond intérieur d'un fragment de patère à couverte très brillante. Orange, intérieur des remparts romains.

— fig. 180. Une rosace à treize feuilles, au fond intérieur d'un fragment de coupelle à couverte terne, trouvée à Nimes, au jardin public de la Fontaine, par M. Flouest.

NOMS DE POTIERS CELTIBÉRIENS
ET NOMS ILLISIBLES.

Pl. VIII, fig. 1. AICOR. A non barré ; O angulaire ou en forme de losange. Sur deux fragments de coupelles en terre rouge, lustre brillant. Orange, enceinte romaine.

— fig. 3. OF · ΠA La lettre F réduite à une haste inclinée vers la gauche et se liant à l'O ; la forme grecque de la lettre qui suit se rencontre avec la valeur du P latin, mais très rarement, sur quelques légendes de monnaies celtibériennes ; A non barré. Fragment de coupe en terre rouge lustrée. Orange, voie romaine.

— fig, 2, 4, 5, 6, 7, 8, 9, 10, 13, 14, illisibles. Au fond intérieur de coupelles et de patères en terre rouge lustrée, à l'exception de la fig. 4, dont la pâte est rouge jaunâtre. Orange, enceinte romaine.

— fig. 11. INNI[···] S ? Au fond d'une patère rouge lustrée. Orange, enceinte romaine.

— fig. 12. II. VIII ? Dans l'empreinte d'un pied humain. Au fond intérieur d'un fragment de coupelle. Orange, enceinte romaine, dans le cimetière actuel.

C'est la seule pièce portant l'empreinte d'un pied, étiquetée comme ayant été trouvée dans le midi de la France, que nous ayons vue dans la nombreuse collection locale d'Emilien Dumas ; et M. Aurès, *Marques de fabrique du Musée de Nimes*, 1876, p. 47 et pl. XIV, n° 176, n'en cite également qu'une seule parmi les 147 qu'il décrit.

Pl. VIII, fig. 15. V°.... ? Extrémités de chaque lettre perlées. Dans l'empreinte d'un pied, au fond intérieur d'un fragment d'une très petite coupe. Origine ignorée.

APPENDICE.

Poteries samiennes trouvées en Sardaigne.

Emilien Dumas avait rapporté, d'une exploration géologique en Sardaigne , quelques poteries sigillées que nous avons cru devoir aussi figurer et décrire dans ce recueil, malgré leur origine étrangère, comme points de comparaison.

Pl. VIII, fig. 1. ATIE ? pour ATEI ? Grande patère en poterie rouge brillant, dont la pâte et le vernis se soulèvent par petits éclats qui laissent un creux après eux.
Cornus (Sardaigne).

—   fig. 3. CRAS, dans l'empreinte d'un pied humain. Au fond d'une gracieuse coupelle en poterie rouge , à couverte mate, dont le bord supérieur est entouré de trois têtes de femmes vues de

face, séparées par trois fleurs à huit
pétales, le tout en relief.

Cornus (Sardaigne).

Pl. VIII, fig. 4. L FACIL, la dernière lettre douteuse ;
dans l'empreinte d'un pied humain.
Au fond intérieur d'une petite coupe
en poterie rouge, dont le vernis brillant se soulève par petits éclats.

Cornus (Sardaigne).

—   fig. 2. L - P séparés par un cœur oblique, dans
l'empreinte d'un pied humain. Au
fond intérieur d'une petite patère, à
vernis brillant.

Cornus (Sardaigne).

—   fig. 5. THAL. Au fond intérieur d'une petite
coupe en forme de terrine. Même provenance.

2° POTERIES EN TERRE ROUGE LUSTRÉE
AVEC ORNEMENTS EXTÉRIEURS EN RELIEF.

Les poteries samiennes à relief sont assez rarement
estampillées à l'intérieur ; cependant nous possédons, de
la collection Emilien Dumas, quelques fragments portant
le nom ou le monogramme de l'ouvrier : on en trouvera
plus loin le fac-simile et la description. Le plus souvent,
c'est le sigle de l'artiste qui fabriqua le moule qu'on voit
figurer parmi la décoration extérieure. En Suisse, d'après
M. Keller, archéologue zurichois, le nom de CERIALIS
AQVITANVS se trouve sur les plus beaux vases à relief,
et sur ceux dont le vernis est d'un beau rouge brillant. Ces
sortes de poteries étant très-rares et le plus souvent en
morceaux, il ne nous a pas été possible de confirmer cette
remarque pour le midi de la France.

La composition de la pâte et le brillant vernis rouge
qui recouvre cette classe de poteries, lui sont communs

avec les poteries unies ; mais, tandis que le tour à potier intervenait seul pour le façonnage de ces dernières, on se servait simultanément du tour, pour confectionner l'intérieur des vases à relief, et du moule, pour appliquer à l'extérieur l'ornementation qui les décorait.

Brongniart, dans son célèbre *Traité des arts céramiques*, figure plusieurs tours antiques, mais sans nous indiquer d'une manière précise la forme de ceux en usage chez les Romains ; les fouilles opérées dans les ruines des fabriques gallo-romaines, découvertes sur plusieurs points du territoire français, n'ont fourni que des débris insuffisants pour qu'il ait été possible de reconstituer avec eux ce principal instrument de la céramique.

Qu'on nous permette de tenter cette restitution. — Le tour antique était appelé, par les Grecs comme par les Romains, la *roue* du potier. Aujourd'hui ce n'est plus une roue, mais un plateau arrondi, que le potier met en mouvement d'ordinaire avec le pied. Or, il existe dans le département du Gard deux localités, Saint-Victor-des-Oules et Saint-Quentin, près d'Uzès, renommées par leurs nombreuses fabriques de poteries communes, où les potiers se servent encore d'une roue qu'ils mettent en mouvement au moyen d'un bâton.

En voici, du reste la *description,* que nous empruntons au troisième volume de la *Statistique géologique du Gard,* par Emilien Dumas, et deux figures que nous avons dessinées sur les lieux. Le tour est composé d'une roue horizontale, en bois dur, dite *l'anneau,* de 1^m,20 de diamètre ; cette pièce est reliée par de fortes traverses se croisant à angle droit, et formant ainsi quatre rayons. Au dessus et au centre de l'anneau, se trouve une pièce en bois, dite la *rodelle,* de 15 centimètres de diamètre, destinée à supporter l'argile à façonner ; c'est la *girelle* du tour moderne. Cette pièce est supportée par quatre petits montants assemblés sur les quatre traverses de la roue. Au-dessous de la girelle est fixée une grenouille en pierre froide, qui repose et joue sur un pivot en bois de chène solidement fixé à sa partie inférieure dans une pierre maçonnée dans le sol ; ce pivot passe par un trou ménagé au centre des quatre traverses, et c'est sur lui que tourne tout le système.

L'ouvrier assis en face du tour, à une très-petite élévation au dessus du sol, a les jambes écartées, de manière à enjamber l'anneau auquel il imprime, au moyen d'un bâton qu'il tient solidement à deux mains, un fort mouvement de rotation. Cette impulsion dure assez longtemps pour lui permettre de façonner même les plus grandes pièces.

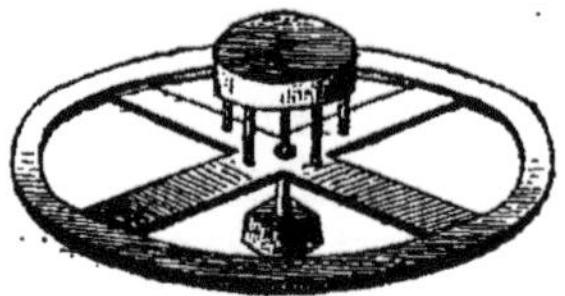

L'origine de ce tour primitif, si différent de tous ceux employés partout ailleurs, doit remonter à une haute antiquité. Ne serait-ce point là la roue d'Homère, transmise aux potiers de Saint-Quentin par les peuples colonisateurs des bords de la Méditerranée, qui leur apportèrent en même temps, comme nous l'avons déjà vu, certaines formes grecques, de nos jours encore en usage dans les fabriques de ces localités ?

Les moules des vases à relief étaient généralement d'une seule pièce; l'argile, amincie à l'aide du tour, et modelée par la pression des doigts contre la paroi du moule, subissait en séchant un retrait qui facilitait le dépouillement. Mais pour donner au pied du vase une saillie plus élégante et svelte, l'ouvrier le remettait sur le tour, avant que la pâte fut tout à fait sèche, et fouillait entre le pied et la panse, à l'aide d'une broche en os ou en métal, une gorge plus ou moins profonde. Nous possédons un fragment de vase à relief qui porte encore un témoin de cette opération : il est resté, à côté de la gorge, un petit copeau de terre façonné en tire-bouchon par le tranchant de l'outil sous l'impulsion du tour.

Les ornements moulés sur les vases en relief, trouvés dans la vallée du Rhône, représentent des sujets de chasse, de combats contre des bêtes féroces ou des taureaux, des scènes érotiques, des divinités, des animaux fantastiques toujours surmontés d'élégantes frises d'oves, et encadrés de guirlandes ou de rinceaux, souvent d'un goût exquis.

La collection d'Emilien Dumas renferme de nombreux spécimens de ces divers sujets; nous ne décrirons que ceux auxquels s'ajoute le nom du fabricant, et quelques débris épigraphiques qui nous ont paru d'un intérêt tout particulier.

A. — *Sigles intérieurs sur poteries à reliefs.*

Les figures 4 et 4ᵃ de la planche X représentent un fragment de poterie samienne à reliefs, avec le sigle OF-SABIN, qu'on lit au fond intérieur de la coupe. Cette marque de fabrique ne diffère pas de celle que nous avons déjà vue à la pl. V, fig. 139, sur une poterie rouge sans reliefs.

Le même sigle, produit par la même matrice, se lit

au fond intérieur d'un autre vase de notre collection. L'ornementation de ces deux vases était différente et la dimension de ce dernier bien plus grande, si l'on en juge par l'évasement du fond et par le pied, qui ne mesure pas moins de huit centimètres de diamètre. Le vernis rouge qui les recouvre est très-brillant.

Ces deux fragments, comme les deux suivants que nous allons décrire, proviennent d'Orange, et ont été recueillis à l'intérieur des vieux remparts, dans le cimetière actuel.

Le sigle mal venu que représente la figure 3ᵃ de la planche XII, ME[du] S FE ou ME[niu]S FE, est appliqué, à la manière ordinaire des poteries sans reliefs, au fond d'un fragment de coupe à vernis brillant. Le vase, dont il ne reste plus qu'une partie du fond et le pied, était de dimension moyenne et d'assez forte épaisseur. On voit encore, sur ce fragment, l'extrémité d'un thyrse entre deux boutons de rose.

Schuermans catalogue deux sigles, à l'un desquels pourrait se rapporter le nôtre : n° 3489, MEDVS, et n° 3521, MENIVSF.

VNDERF ? Lecture très-douteuse d'un sigle placé au fond d'un fragment de coupe, à vernis très-brillant, ornée à l'extérieur d'une guirlande de ceps de vigne.

B. — Sigles extérieurs sur poteries à reliefs.

Pl. X, fig. 1. OF AM(AN)D[i] rétrograde. Les deux A archaïques.

Sigle gravé en creux sur un cartouche en relief, entre le pied et la frise inférieure d'un grand fragment de coupe en poterie à vernis brillant, d'un diamètre intérieur de 0ᵐ,23ᶜ, sur 0ᵐ,11ᶜ de hauteur. Scènes lubriques en médaillons carrés, séparés chacun par une chimère dans un médaillon formé de guirlandes et de nœuds ; une frise d'oves au-dessus ; au-dessous, le rinceau, que représente la figure 1.

Orange, enceinte romaine, dans le cimetière actuel.

Sch., n° 249, OF·AMAN; Aurès, pl. IX, fig. 101 et p. 32.

Pl. XI, fig. 3. OF MO rétrograde, gravé en creux dans un cartouche en relief, enfermé dans un cercle cordé; au centre du cercle, un dauphin; autour, quelques ornements; au-dessus, restes d'une frise d'oves.

Sur un très-petit fragment de coupe en terre rouge, à vernis terne.

Orange, intérieur des remparts romains.

Sch., OF MO, n° 3638; Aurès, p. 54, pl. XXIII, fig. 234; nous avons déjà mentionné ce sigle au paragraphe des *Poteries rouges lustrées sans reliefs*.

Pl. XII, fig. 1. Sigle illisible, gravé en creux sur un long cartouche en relief dans un panneau, au-dessus d'un cerf bondissant à gauche; au-dessous, un chien, courant à droite la tête retournée, aboie contre le cerf; dans le panneau suivant, un cep de vigne; le tout surmonté d'une frise d'oves.

Sur un fragment de coupe en terre rouge, à vernis brillant. Même provenance.

Pl. IX, fig. 3. G(ER)(MA)NIF. *(Germani fabrica).* En grosses lettres en relief au-dessus d'un chien courant à droite, sur un fragment de coupe à vernis brillant. A la suite, et sur un morceau qui s'adapte à celui-ci, mais que nous n'avons pu figurer, faute d'espace, un enfant nu, debout, les membres écartés, coiffé de deux oreilles d'âne, entre deux chiens affrontés courant contre lui à la hauteur de sa tête; un troisième chien, courant à droite, à la hauteur de son genou.

La coupe à laquelle appartiennent ces deux fragments était cylindroïde, d'un diamètre extérieur d'environ 0^m,15^c.

Orange, même localité.

Sch., n° 2416, GER(MA)NIF.

Pl. XII, fig. 4. VITOR, rétrograde et en relief, en lettres cursives, gravées à la pointe sèche sur le moule d'où est sorti ce fragment, qui faisait partie d'une coupe en terre fort épaisse, rouge, à vernis brillant. Le pied mesure 0^m,09^c de diamètre ; il supporte un fond très-évasé ; autour du pied, un espace lisse de 3 centimètres de largeur dans lequel est placé le sigle ; au-dessus, un rinceau de feuillage ; plus haut, quelques restes d'ornements trop incomplets pour être décrits.

Orange, enceinte romaine.

C. — *Sigles intérieur et extérieur sur poteries à reliefs.*

Pl. X, fig. 2. OF MOM ou OF MON rétrograde et sens dessus dessous, en relief, au-dessous d'un cerf courant à droite, dans un médaillon cerné de trois cercles.

Le même sujet est reproduit trois fois sur un grand fragment de vase en terre rouge, à vernis très-brillant, dont le diamètre intérieur mesurait au moins 0^m,22^c.

Cette marque a été gravée à la pointe sèche, et par une main très-inexpérimentée, sur le moule qui a servi à faire cette belle coupe.

Outre ce sigle *extérieur*, une marque, à la manière ordinaire des poteries sans reliefs, se trouve au fond *intérieur* de notre spécimen. Malheureusement, l'estampille a été si faiblement appliquée que la première et les deux dernières lettres, M.... (MA), ou (NA), seules sont lisibles, pl. X, fig. 2ª.

Orange, enceinte romaine.

Le sigle OF MANNA, donné par Schuermans sous le n° 3246, pourrait servir à reconstituer celui-ci, issu d'une estampille évidemment de même longueur.

D. — *Vases épigraphiques.*

Parmi les nombreux fragments de poterie samienne qu'Emilien Dumas recueillit à Orange, nous remarquons une série d'exemplaires avec légendes en grandes lettres faisant saillie autour du vase.

Ces lettres étaient appliquées sur la pâte à demi fraiche, à sa sortie du moule, au moyen d'une pipette remplie d'une barbotine assez épaisse, qu'on faisait couler sur les pièces. Brongniart a donné à ce procédé, qui paraît, dit-il, avoir été particulier aux Romains, le nom de *relief en trochisque* ou *Pastillage ;* ils l'employaient aussi pour ajouter au vase certains ornements qui n'étaient pas toujours gravés sur le moule.

Les poteries épigraphiques sont fort rares, et, jusqu'à l'année dernière, étaient très-peu connues. Ce sont presque toujours des exclamations de buveur, des invocations ou des vœux qu'exprime la légende.

M. Aurès est le premier en France qui en ait parlé (1): il a décrit et figuré une belle coupe conservée au Musée de Nimes, dont l'inscription en grandes lettres, TAM BENE FICTILIBVS, peut être prise pour une exclamation bachique (2). M. Anatole de Barthélemy, dans un article des plus instructifs sur les *Vases sigillés et épigraphiques de fabrique gallo-romaine* (3), après avoir cité la coupe du Musée de Nimes et celle conservée à Naples, au Musée-Bourbon, qu'il attribue à la fabrication italienne, fait l'historique de la récente découverte d'une fabrique considérable de poterie à Bannassac, dans la Lozère,

Parmi des centaines de poteries de toutes sortes exhumées en 1871 dans les ruines de cet atelier, on a trouvé plusieurs vases épigraphiques complets ou en fragments. VENI AD ME AMICA est une invocation à la dive bouteille *(Lagena)*, inscrite autour d'un ample *poculum*, comme cet autre, CERVESAR..., que le savant archéo-

---

(1) Aurès, *Marques de fabrique du Musée de Nimes*, p. 58, pl. XV, n° 177, in-8°, 1876.

(2) « Le bon vin se boit aussi bien dans des vases de terre que dans des coupes plus précieuses ».

(3) *Gazette archéologique*, numéro d'octobre 1877, que nous a signalé M. E. Germer-Durand, avec son obligeance ordinaire.

logue propose, avec réserve, de rétablir ainsi : CERVE-
SAR[IIS FELICITER].

Le mot FELICITER correspond à nos vivats modernes :
on le retrouve plus spécialement sur les vases qui portent
des ethniques. M. Anatole de Barthélemy en cite cinq,
qui, tous, proviennent de la fabrique de Bannassac.

Le premier, conservé au musée de Saint-Germain, est
dédié aux habitants du Gévaudan, du pays même où il
fut fabriqué :

GABALIBVS FELICITER

D'un autre, à l'usage des Lingons, il ne reste plus que
l'inscription tronquée :

LINGONIS [felici]TER

Un troisième a été trouvé sous les ruines de l'ancienne
Genève ; il porte la légende :

SEQVANIS FELICITER

L'origine qu'attribue à ce dernier M. Anatole de Barthélemy ne saurait être contestée, puisqu'on a recueilli,
à Bannassac, deux tessons sur lesquels on lit les syllabes
VAN et QV, qui font partie de l'ethnique découvert à
Genève.

L'auteur de l'article que nous analysons rapporte également à la fabrique de Bannassac un fragment de vase
conservé au musée d'Annecy, avec les lettres ....S FE.....
CIT....

Enfin deux coupes, qui ne diffèrent que par un simple
détail dans l'ornementation, portent chacune le même
ethnique :

REMIS FELICITER

L'importante fabrique de Bannassac travaillait donc
beaucoup pour le nord de la Gaule ; mais ses produits
descendaient aussi dans le sud-est, puisque les ruines
d'Orange ont fourni à la collection d'Emilien Dumas six
fragments de vases épigraphiques, que nous n'hésitons

pas non plus à rapporter à la fabrique du pays des Gaba-
les : le style de l'ornementation, moins artistique que celui
des vases de fabrication italienne, la forme des lettres et
la formule des légendes, communs aux vases rapportés
d'Orange et à ceux exhumés des ruines de Bannassac,
autorisent cette assimilation.

Chacun de nos tessons faisait partie d'un vase différent :
les ornements se ressemblent ; mais leur disposition, qui
n'est pas la même, les distingue entre eux tout autant que
leurs dimensions. Il n'est guère probable que la légende
fût la même sur chaque vase; mais, par un singulier
hasard, si l'on prend quatre de ces débris et qu'on les dis-
pose dans un certain ordre, on parvient à reconstituer un
des ethniques qui, selon toute apparence, était inscrit sur
au moins deux de ces coupes, puisque nous possédons
deux fragments sur lesquels on voit les mêmes lettres
REVE (voir pl. ix, fig. 2, et pl. xi, fig. 1).

La première lettre de cet ethnique nous manque, mais
il est facile d'y suppléer ; c'est la lettre

T, que nous mettons en tête de nos quatre débris ;
puis nous lisons sur le premier fragment,

REVE   sur le second,
    RIS FE   sur un autre,
        LICI   sur le dernier,
            TER

(Voir pl. ix, fig. 2; pl. x, fig. 3; pl. ix, fig. 1, et pl. xi,
fig. 2).

L'inscription ainsi restaurée : [T] REVERIS FELICI-
TER, nous avons la satisfaction d'ajouter un ethnique
nouveau aux quatre que nous a fait connaître M. Anatole de Barthélemy.

La courbe de nos deux premiers fragments annonce,
en effet, que les *pocula* dont ils faisaient partie avaient
une panse assez large pour contenir sans abréviation
les 17 lettres de ce VIVAT AUX TRÉVIRES, voisins des Rèmes
et des Lingons.

Mais il nous reste encore un beau fragment épigraphique (pl. XII, fig. 1), dont la lecture paraît d'abord plus difficile. Cependant, si l'on considère que presque tous les ethniques sortis de la fabrique de Bannassac, ou du moins tous ceux que le hasard nous a conservés, mentionnent des peuples du nord, et que tous ces peuples étaient de pays limitrophes : les Lingons, les Séquanes, les Rèmes, les Trévires, on est amené à se demander si nos trois lettres, DE.........S, ne pourraient pas être attribuées au nom de quelque colonie romaine de cette région, et, naturellement, on s'arrête à la ville de *Décempagi*, aujourd'hui Dieuze, comprise, comme celle d'*Augusta Trevirorum*, dans la Gaule Belgique.

L'objection qu'on pourrait soulever de la rencontre, dans l'antique *Arausio*, de ces vases, destinés aux fêtes de pays si éloignés, n'est pas grave ; les coupes samiennes étaient en ce temps là fort en vogue, et on les achetait sans doute d'autant plus volontiers qu'elles étaient plus riches d'ornements, sans trop se préoccuper du sens de leur épigraphe.

Quant au fragment que représente la fig. 4 de la planche IX, il appartient très probablement à une urne funéraire, sur laquelle était écrite peut-être quelque maxime religieuse, ainsi que le feraient supposer les trois dernières lettres du mot [V] ITA, dans une couronne de laurier. Ce fragment est recouvert d'un brillant vernis jaune orangé ; il n'a rien de commun avec les vases à ethniques de la fabrique de Bannassac.

3° POTERIES ROMAINES
A VERNIS PLOMBIFÈRES.

Parmi les nombreux débris de la céramique antique exhumés des ruines romaines d'Orange, Emilien Dumas a recueilli et classé dans ses collections, sous l'étiquette de *Poteries romaines à émail plombifère,* divers fragments de vases recouverts d'un vernis semblable, comme aspect et texture, à certains enduits employés par quelques établissements céramiques modernes du midi de la France, et notamment à Saint-Quentin, dans le Gard.

Dès l'abord, nous avons partagé les doutes sérieux qui durent s'élever dans l'esprit de ce sagace observateur, à propos d'un fait ignoré ou méconnu, dont la possibilité même a été si formellement niée par Chaptal et par Brongniart lui-même, dans son *Traité sur les arts céramiques* : la découverte des vernis à base de plomb ne peut pas remonter, selon ces deux autorités, au delà du xe siècle, et devait être par conséquent inconnue des Romains ; ils attribuent au moyen âge les rares spécimens de poteries européennes à vernis plombifère recueillis dans les tombeaux, et même ceux exhumés des ruines de la ville romaine du Châtelet, en Champagne.

Une telle proposition, émanée de ces savants auteurs, devait rendre Emilien Dumas très circonspect dans la classification de ses trouvailles, et, pour le décider à passer outre, il a fallu des raisons péremptoires et sans réplique. Malheureusement, de ses raisons, il ne nous reste que des fragments de vases, l'étiquette qui les accompagne, et la place qu'il leur assigna dans sa collection céramique. Ce sont là néanmoins des données importantes, qui nous permettront de pénétrer la pensée dont elles procèdent, et de tirer de cette classification des conclusions conformes à l'idée qui l'a déterminée. .

Nous diviserons ces poteries en trois sous-genres, savoir : les poteries à vernis polychrome ; 2° celles à vernis jaune à l'intérieur et vert à l'extérieur ; 3° celles décorées en dedans comme en dehors, ou à l'extérieur seulement, d'un enduit vert, et nous les décrirons dans cet ordre.

1° POTERIES A VERNIS POLYCHROME.

Cette subdivision est établie sur une pièce unique, mais très caractérisée, de la collection d'Emilien Dumas, trouvée, comme le plus grand nombre de celles que nous venons de décrire, à Orange, parmi les tombeaux de la voie romaine.

C'est un fragment de coupelle à pâte identique à celle des poteries dites samiennes, recouverte d'un vernis très-brillant, jaune clair, bariolé de marbrures rouges, nombreuses à l'intérieur du vase, plus rares à l'extérieur et sur le pied. La couleur rouge vif de ces marbrures se mêle et se fond sur ses bords avec l'enduit jaune, qui paraît avoir été répandu le premier; elles sont de la même nuance, et probablement aussi de la même composition que le beau lustre qui recouvre les poteries rouges. Quant au vernis jaune, nous pouvons affirmer, par analogie, qu'il est composé de litharge ou d'alquifoux; mais, malgré tout notre désir d'appuyer cette affirmation sur l'autorité de l'analyse chimique, nous n'avons pu nous décider à faire le sacrifice du seul spécimen que nous ayons encore vu de ce genre de décoration (1).

Au fond intérieur de ce fragment, on lit très distinctement le sigle SILVANI (voir pl. 13, fig. 4). Cette marque de fabrique n'est pas rare : elle est signalée dans l'ouvrage de Schuermans *(Sigles figulins)*, comme ayant été trouvée dans presque toutes les contrées de l'Europe romaine, sur des poteries rouges avec ou sans relief et sur des lampes funéraires; en 1867, M. Edw. Barry envoya de Toulouse à l'Exposition universelle, pour la collection de l'histoire du travail, une estampille qui a été lue de la manière suivante : ARTEMISI VAL[*erii*] M[*anu*] F[*abrica*] SIL[*vani*]; le nom de cet ouvrier ARTEMISIVS VALERIVS, tra-

<hr>

(1) Le Musée d'Arles possède plusieurs fragments de poterie jaune jaspée de rouge, provenant des fouilles entreprises pour l'établissement des quais de la gare maritime de Trinquetaille, en 1873, par les soins de l'administration des ponts et chaussées. Le sigle SILVAN[i] se remarque sur l'un de ces débris, et trois autres portent les marques CELEROS (S rétrograde), FELICENTE, OFVTIALI.

vaillant chez le potier Silvanvs, se retrouve sur l'estampille du verrier Cn. Atevs, signalée par M. Flouest, dans
la *Note* que nous avons précédemment indiquée (p. 27).
Il ne serait donc pas impossible que cet habile artisan,
dont les talents étaient si variés, n'eût trouvé le moyen de
faire profiter l'art céramique des secrets de la verrerie, en
appliquant à la composition de l'engobe les oxydes métalliques qu'on employait alors pour donner au verre les
teintes bleues, violettes, vert d'herbe, vert clair, et même
pour imiter les nuances naturelles des agates, des por-
phyres et des onyx.

Au reste, nous verrons tout à l'heure que l'enduit à base
métallique de ces poteries romaines participe bien plus
de la nature du verre que de celle de la couverte employée
par les céramistes modernes.

2° POTERIES A VERNIS JAUNE A L'INTÉRIEUR
ET VERT A L'EXTÉRIEUR.

Ce genre de poteries est très-rare : c'est à peine si,
parmi tant de spécimens de la poterie samienne exhumés
d'une assez grande profondeur sous les murs antiques
d'Orange, on a pu en recueillir dix ou onze fragments.
Quelques-uns de ces débris portent encore les traces d'une
ornementation à relief qui rappelle celle des poteries rouges (pl. 13, fig. 3); l'un d'eux appartient à un petit
vase en forme de coupe montée sur un pied. Nous l'avons
figuré sous le numéro 2 de la planche 13; au dessus
de son milieu, la panse est ornée d'une série de petits
mamelons représentant les écailles des strobiles du pin.
Ce genre de décoration pourrait faire supposer que cette
élégante coupe était destinée aux sacrifices en l'honneur
de Bacchus; on le retrouve sur plusieurs débris de la
même provenance (1).

____

(1) Nous avons reçu tout récemment un petit fragment de *poterie*

Le vernis jaune, qui protège la partie interne, rappelle, par sa nuance ocreuse, son éclat et sa solidité, la couverte des poteries communes qu'on fabrique de temps immémorial à Saint-Quentin, dans le département du Gard. Les influences atmosphériques n'ont nullement altéré sa composition.

L'enduit vert extérieur est quelquefois moins bien conservé : il a subi, sur quelques-unes des pièces rapportées d'Orange, une décomposition qui le dénature complètement; nous en reparlerons.

Nous devons à l'obligeance de M. le comte Paul de Gasparin, bien connu par ses travaux de chimie agricole, la délicate analyse que nous donnons ci-après de cette poterie.

Oxyde de plomb-litharge	6.579
Deutoxyde de cuivre	0.057
Acide stannique	0.000
Argile ocreuse... $\left\{\begin{array}{l}\text{Silice} \dots\dots 1.854\\ \text{Alumine} \dots 0.418\\ \text{Sesquioxyde de fer } 0.597\\ \text{Chaux} \dots\dots 0.034\end{array}\right\}$	2.903
Total	9.539

Ce qui représente, ajoute M. de Gasparin, litharge, cent parties; argile, quarante-quatre parties; deutoxyde de cuivre, $\frac{86}{100}$ de partie.

C'est à peu près, comme l'avait prévu Emilien Dumas, le mélange des couvertes de Saint-Quentin, avec une

samienne décoré, comme la coupe que nous venons de décrire, des mêmes écailles de strobiles, mais tellement fouillées et détachées de la paroi du vase qu'on ne peut admettre le concours du moule pour leur dépouillement : elles ont été appliquées après coup, sur la coupe encore fraîche, par le procédé de la barbotine. Cette intéressante trouvaille, faite à Nimes, dans les déblais opérés sur la promenade du Cours-Neuf, semble confirmer ce que nous pensons de l'époque et de la destination du vase à vernis vert orné d'une décoration semblable.

légère addition de cuivre pour la coloration extérieure. On sait, en effet, que la couverte des poteries communes est composée d'une bouillie de terre plombeuse, contenant pour litharge cent parties, de 55 à 83 parties d'argile, (voir Regnault, *Cours de chimie*, deuxième partie, p. 386).

Réduite en poudre impalpable, cette poterie pourrait servir à faire la couverte de nos poteries communes; mais elle serait trop plombeuse pour les usages domestiques. Elle a dû être cuite à un feu très-modéré, car les fondants, litharge et oxyde de fer, sont très-prédominants. Ce n'est ni un grès ni une poterie proprement dite, nous fait observer M. de Gasparin : c'est une espèce de verre opaque appliqué sur des objets qui ne pouvaient être utiles qu'à la décoration, ou, comme nous l'avons dit, aux sacrifices religieux. Cette couverte n'a aucun rapport avec les émaux, car l'étain y manque absolument.

3° POTERIES A ENDUIT VERT.

L'enduit vert, qui décore les poteries que nous comprenons sous ce titre, est le même que celui dont nous venons de parler. Le plus souvent, il n'est appliqué qu'à l'extérieur du vase; il le recouvre quelquefois aussi à l'intérieur. Nous possédons plusieurs grands fragments d'un superbe vase antique, orné d'une guirlande en feuilles de chêne, qui sont dans ce dernier cas (pl. 13, fig. 5) (1). Le musée du Louvre possède plusieurs fragments de vases vernis de même forme, trouvés à Tarse.

Les musées d'Arles et d'Avignon conservent quelques spécimens très remarquables de ce genre de poterie : on peut voir, parmi les richesses archéologiques du musée

---

(1) Diamètre à l'ouverture 0^m,25 ; anses annulaires avec support en dessous, abritées en dessus par une large expansion latérale des bords du vase.

d'Arles, deux lampes en terre vernissée, dont une surtout très-remarquable par ses belles dimensions, et un petit vase à deux anses, orné tout autour d'écailles imbriquées ; il y a, au musée d'Avignon, trois lampes funéraires recouvertes de ce bel enduit vert : l'une d'elles, qui figure sous le numéro 13 du catalogue de la collection Calvet, représente sur l'area un char très-élevé, traîné par quatre chevaux sans conducteur ; une autre, cataloguée sous le n° 216, est entourée d'une frise d'oves, et porte à sa face inférieure le sigle romain MTMARI ; la troisième enfin est ornementée de godrons et de cannelures ; elle provient d'Italie. Toutes ces lampes sont à un seul bec, et ont tous les caractères des lampes funèbres en terre commune.

Ainsi que le fait très-judicieusement observer M. de Gasparin, cette belle couleur verte est plutôt un enduit vitreux qu'un vernis ; sur quelques-uns des fragments de la collection Emilien Dumas, sur deux des lampes du musée d'Avignon, comme sur le vase et les lampes du musée d'Arles, cet enduit a éprouvé une sorte d'altération tout à fait analogue à celle qu'on remarque sur les urnes en verre des tombeaux antiques : il est devenu chatoyant et comme argenté, parfois couvert de tressaillures, et se détachant alors par le frottement sous forme de particules de nacre d'une extrême ténuité. Cette brillante patine, s'il est permis d'emprunter cette expression familière aux numismates, donne aux pièces qui en sont revêtues un cachet d'antiquité très-saisissant.

L'application d'un vernis, sur les lampes et sur les vases que nous venons de décrire, semble avoir été inspirée bien moins par la nécessité de parer au grave inconvénient de la perméabilité de la pâte que par le désir d'en relever l'aspect. Il serait difficile de préciser les commencements de cette industrie spéciale, fort peu répandue, peut-être locale, et qui paraît ne pas avoir duré longtemps ; toutefois, il est permis d'observer que la forme et l'ornementation des lampes vernissées ne rappellent rien de la décadence.

En résumé, l'authenticité des vases romains décorés de vernis métalliques, trouvés à Orange par Emilien Dumas, paraît démontrée, après ce que nous avons dit du sigle SILVANI appliqué sur une coupe à vernis jaune jaspé de rouge ; la forme et la destination des lampes en terre cuite recouverte d'un enduit vert ne laissent aucun doute sur leur origine ; l'analyse chimique révèle, dans la composition de ces enduits, l'emploi des oxydes de cuivre, de plomb et de fer.

La composition presque identique de ces anciens vernis, et de ceux employés de nos jours dans la France méridionale et l'Espagne, paraît être le résultat d'une tradition maintenue d'âge en âge ; contrairement à l'opinion généralement admise, elle reporte bien en arrière du xe siècle la découverte des vernis à base de plomb.

4° POTERIES GROSSIÈRES AVEC OU SANS LUSTRE.

Les terres cuites qu'Emilien Dumas a classées sous ce titre à la suite des *Poteries romaines,* auraient pu prendre rang parmi les produits de la fabrication *gallo-romaine,* parce que, en général, leur pâte est grossière, et le plus souvent mélangée de corps étrangers, quartz, mica, menu gravier, selon l'antique méthode gauloise. Mais ces produits ont une si grande ressemblance entre eux, quelle que soit leur origine, qu'il serait souvent à peu près impossible de faire la part des ouvriers gaulois et celle des ouvriers romains, sans l'estampille qui les distingue.

C'est ainsi que, parmi les nombreux débris de la céramique antique trouvés à Vienne et à Sainte-Colombe, où existaient plusieurs fabriques de poteries en activité à l'époque de la domination romaine, quelques-uns portent, estampillés sur le fond du vase, des noms franchement gaulois, tels que *Merco, Saciro, Sevvo ;* mais les potiers gaulois n'étaient pas seuls à exercer cette fabrication aux bords du Rhône : on trouve aussi, parmi les débris de leur industrie, des noms latins, tels que *Priscus, Musicus,* celui très-répandu de *Vitalis,* etc....

Il est probable que ces vases datent de la fin de l'époque romaine, alors que les premières invasions des barbares, qui portèrent le trouble dans le commerce, et l'épuisement de la domination romaine, permirent à l'élément national de reprendre le dessus, et de revenir à ses traditions, à ses goûts. Sevvo et ses concurrents n'ont dû fabriquer leurs vases que lorsque les approvisionnements par voie d'importation étaient devenus difficiles, et qu'on devait se suffire avec les ressources locales. On refit des vases d'après la vieille tradition gauloise, mais avec une terre plus savamment préparée, avec des tours plus perfectionnés et une connaissance plus exacte de l'art si difficile de la cuisson. On revint à la mode gauloise, mais en la faisant profiter de tous les progrès qu'avait enseignés la pratique romaine, et en perpétuant l'usage de l'estampille sur les produits.

Ce sont là certainement les considérations qui déterminèrent Emilien Dumas dans le classement de ces produits hybrides. Nous allons suivre scrupuleusement sa classification.

Les *Poteries grossières* recueillies dans la vallée du Rhône comprennent des vases, avec ou sans lustre, des amphores, des lampes funéraires, des briques et toutes sortes de matériaux de construction en terre cuite. Nous dirons un mot sur chacun de ces produits, naturellement divisés par leur destination, et nous décrirons à la suite tous ceux d'entre eux qui sont estampillés suivant l'usage romain.

1° *Vases.*

La pâte des vases que nous rapportons aux fabriques de Vienne est grise ou rougeâtre briqueté, presque toujours mélangée de paillettes de mica et de grains de quartz en quantité notable; elle est nue, ou parfois recouverte d'une couleur noire terne, très-mince. Cet enduit mat a été quelquefois rendu très-brillant par le polissage; il n'enlève pas à la terre le défaut de son excessive porosité : un fragment de vase assez épais, que nous avons rempli d'eau, a été pénétré par le liquide en moins de trois heures.

Il est donc certain que ces poteries n'étaient pas destinées aux usages domestiques; mais elles pouvaient tenir lieu de vases plus élégants, chez les familles indigentes, pour renfermer les cendres de leurs membres trépassés.

On trouve aussi dans nos régions, mais assez rarement, une sorte de poterie romaine à pâte grisâtre ou noirâtre, tendre, sans mélange de corps étrangers, revêtue d'une engobe très-mince, grise. Au premier aspect, elle rappelle les poteries chrétiennes du Bas-Empire; mais elle en diffère notablement par ses formes plus sveltes, sa dureté et son poids bien plus faibles.

Cette espèce de poterie est contemporaine des poteries rouges, puisqu'on la trouve à Orange, à Vaison, etc., accompagnant les urnes cinéraires.

Nous donnons, comme exemple de cette poterie, la figure d'un vase exhumé à Orange, sur l'avenue du chemin de Roquemaure. Il contenait des restes d'ossements humains, avec une fiole à parfums en verre, dite lacrymatoire ; une espèce d'écuelle, de la même terre, lui servait de couvercle.

Comme on le voit, c'est à peu près la forme des urnes

cinéraires en verre, dont le prix était sans doute trop élevé pour certaines classes. On peut voir, du reste, au musée municipal de Nimes, une suite très-nombreuse et très-instructive de ces sortes de vases.

Avant d'entrer dans la description détaillée de chacune des marques de fabrique appliquées sur les vases grossiers de Vienne, nous dirons quelques mots d'un fragment de poterie dont la pâte assez fine, mélangée de paillettes de mica blanc, n'a reçu pour toute glaçure qu'un léger polissage (1).

Ce fragment provient du jardin de la Fontaine de Nimes, où il fut trouvé en creusant le sol, pour établir les fondations de la statue érigée, par sa ville natale, au poète nimois Jean Reboul.

C'est la moitié inférieure, à peu près, d'un petit vase qui devait se rapprocher, par sa forme générale, du genre *Lecythos*, mais qui en est cependant assez nettement séparé par un pied conique et l'absence de gorge au-dessous de la panse. (Voir, pl. XIII, fig. 1 et 1 *).

Sous ce pied, légèrement creux, on lit, en caractères très-nets, autour d'une tête casquée de Minerve, le sigle FL·C·RILLI. La disposition circulaire, le relief et la netteté de cette marque lui donnent l'aspect d'une médaille à fleur de coin. C'est sans nul doute avec une matrice en métal qu'elle a été obtenue.

La forme, peu ordinaire dans nos pays, de ce fragment indiquerait un vase à parfums d'origine grecque, et cette origine semblerait confirmée par la tête de Pallas ; mais le pied conique est encore plus gaulois que grec. Il caractérise une immense quantité de vases recueillis en Bourgogne, et surtout dans les cimetières gaulois de la Marne.

(1) Nous devons cette intéressante trouvaille à M. Maigne, inspecteur des contributions indirectes à Nimes, qui nous en a fait hommage en 1876.

A n'en juger que par son galbe, ce fragment serait facilement pris pour la base d'un de ces vases *en cornet,* dont tant de localités champenoises ont enrichi le musée de Saint-Germain ; mais le sigle, en beaux caractères romains et en langue latine, oblige à écarter cette supposition. Il est donc permis d'admettre que nous sommes en présence d'une imitation des formes gauloises par l'ouvrier FL[accus?], de la fabrique de C·RILLUS, établie probablement dans le nord de la Gaule.

MARQUES DE FABRIQUE

sur poteries grossières.

1° Vases.

Pl. XIV, fig. 1. MVSICI. En relief sur la panse d'un vase en argile blanchâtre, mêlée de fragments arrondis de quartz et de petit gravier.

— fig. 2. MVS[ici]. En relief dans un cartouche rectangulaire, sur la panse d'un vase en argile de même couleur et de même composition que le précédent.

Ces deux vases, sans être absolument de même forme, ont le même style ; leur pâte est d'une très-faible ténacité. Comme ceux qui suivent, ils sont le produit de la même fabrique.

— fig. 3. MVSIC[i]. En relief sur la panse d'un vase en argile très-tenace, noirâtre, mêlée de quelques fragments arrondis de quartz et de menu gravier.

— fig. 4. [mus]ICI. En relief dans un cartouche en creux, sur la panse d'un vase en

argile peu tenace, mêlée de nombreux
fragments de quartz.

Ces quatre débris proviennent tous de
Vienne. Le même sigle se retrouve encore, dans la collection Emilien Dumas,
sur le fond extérieur d'un fragment
dont l'épaisseur, de près d'un centimètre, annonce que le vase devait être
d'assez grande dimension. L'argile en
est blanchâtre, d'une ténacité moyenne, sans mélange de sable ni de gravier.

L'estampille MVSICI se trouve également sur une patère samienne conservée au musée d'Avignon.

Pl. XIV, fig. 5. XIHII ? Au fond intérieur d'un fragment
de coupelle en argile grise, assez fine,
d'une grande ténacité, sans couverte.
Ce débris provient d'Orange.

— fig. 6. AGENORF. En cercle autour d'un groupe
de sept points, et en relief sur le fond
extérieur d'un vase en argile d'un gris
très-foncé, mêlée de fragments arrondis de quartz et de nombreuses paillettes de mica.

Cette estampille, avec les dix qui
suivent, ont été recueillies à Vienne par
Emilien Dumas.

— fig. 7. ME[rc]O·F. En cercle autour d'une roue
à sept rayons, et en relief sur le fond
extérieur d'un vase en terre rougeàtre
micacée avec petits grains de quartz;
surface noirâtre.

— fig. 8. PRISCVS F. En cercle et en relief sur le
fond d'un vase en terre rouge mica-
cée, avec de petits grains de quartz

et de spath calcaire ; surface noirâtre.

Pl. XV, fig. 9. SEVVO·FEC(IT). En cercle et en relief sur un fragment très-mince de vase en terre rougeâtre micacée sans couverte.

Pl. XV, fig. 10. SEVVO·FEC· Les deux points représentés par une pointe de pique. En cercle et en relief sur le fond extérieur d'un vase en terre grossière, rougeâtre, micacée, avec petits fragments de quartz, surface intérieure noire, mate ; surface extérieure d'un noir brillant par le polissage.

— fig. 11. SEVVOFEC. Inscription circulaire en lettres épaisses très-saillantes, entourées d'un cercle de points en relief, sur le fond extérieur d'un vase en terre grossière, grise, micacée, avec grains de quartz et de gravier ; surface noirâtre.

— fig. 12. SEVVO FEC. Inscription circulaire, en caractères très-épais, dont la saillie est écrasée ; un point saillant au centre. Sur le fond extérieur d'un vase en argile noircie, micacée, avec grains de quartz.

— · fig. 13. SEVVOFEC. Inscription circulaire entourée de deux cercles, autour d'un point saillant ; caractères en relief très-nets ; au fond extérieur d'un fragment de vase en argile rougeâtre, micacée, avec grains de quartz ; rougeâtre à l'extérieur, noir en dedans.

Sch., n° 5189.

2° *Amphores*.

Les sigles dont nous avons à nous occuper sous ce paragraphe sont tous, ou presque tous, appliqués sur des anses d'amphore de provenances diverses. Plusieurs d'entre ces poteries ont été fabriquées dans le midi de la Gaule, comme le prouverait la rencontre des mêmes marques à Vienne, à Nimes, à Avignon, à Narbonne; mais il en est d'autres dont l'origine est incontestablement étrangère au sol gaulois : ce sont celles qui, en grand nombre, ont été pêchées dans le Rhône au moment des basses eaux.

Les débris de poteries antiques et les fragments d'amphores qu'on recueille à la pointe de Trinquetaille, lorsque le niveau du fleuve s'abaisse au-dessous de l'étiage, ont fait penser qu'il y avait eu à Arles une ou plusieurs fabriques de poteries. Mais cette supposition est inadmissible : autour de la ville d'Arles, il n'existe pas de dépôt d'argile, et jusqu'ici l'on n'y a découvert aucuns vestiges de four. Il est, au contraire, beaucoup plus probable que ces débris d'amphores ont été jetés dans le fleuve par les nautonniers, qui venaient amarrer leurs barques sur cette rive du Rhône, un peu au dessous des ruines du pont romain; la diversité des noms de fabricants vient à l'appui de cette supposition. D'ailleurs, les amphores ne servaient pas seulement à renfermer les grains, l'huile ou le vin : les marins devaient aussi les embarquer pour leur provision d'eau douce pendant le voyage. Il faut aussi tenir compte des accidents de navigation, naufrages, submersion de navires et de leur cargaison. Sur les bords de l'étang du Valcarès, en Camargue, on aperçoit, lorsque les eaux de l'étang sont très-basses, une grande quantité d'amphores plus ou moins intactes et à moitié enfouies dans la vase, qui semblent avoir constitué la cargaison d'un navire coulé à pic en cet endroit (1).

Avec les amphores, on trouve aussi quelquefois des

(1) *Note sur une sépulture antique découverte au mas d'Agon, en Camargue*, par M. Flouest. *Mémoires de l'Académie du Gard*, 1869-1870, p. 128.

couvercles également marqués de l'estampille du fabricant
et d'un signe qui pouvait aussi noter la capacité du vase.

La pâte des amphores est tendre, sans glaçure, presque toujours mêlée de paillettes de mica, qui jouent ici le
même rôle que les débris de spath calcaire mêlés à la
pâte des grands *dolium* et de la *poterie gauloise pure*.

L'interprétation des marques de fabrique, la plupart
réduites à des lettres initiales sur les amphores, prête trop
à l'arbitraire : nous nous contenterons de les citer, en
adoptant pour l'ordre alphabétique la première lettre qui
apparait sur le sigle.

Pl. XVI , fig. 1. A·I·S. En relief à la base d'une anse
          d'amphore. Arles.

—   fig. 2. A·V·N. Anse d'amphore. Villevieille ,
          près Sommière.

—   fig. 3. CAD. Anse d'amphore. Arles.

—   fig. 4. C(ALP)(VR)[nius ?]. Anse d'amphore.
          Orange.

—   fig. 5. .....CIVS·FECIT. En relief, très-usé
          par le frottement, sur un fragment
          très-épais de vase en argile jaune.
          Villevieille, près Sommière, dans
          l'oppidum gaulois.

—   fig. 6. C·I·AL·B. Anse d'amphore. Orange.
          Sch., n° 1341, CI(AL)B·F.

—   fig. 7. CIA....B. Anse d'amphore. Orange.
          Ce sigle parait provenir de la même
          fabrique que le précédent, dont il dif-
          fère néanmoins par l'absence de
          points et par la dimension bien plus
          petite des lettres.
          CITI. En cercle sur un bouchon d'am-
          phore, vu chez un marchand de la
          ville d'Arles.

—   fig. 8. CLA. Sur un fragment de vase, épais

d'un centimètre, en terre rougeâtre. Orange.

Pl. XVI, fig. 9. CLO. Fragment d'un vase épais, en argile jaunâtre. La dernière lettre, très-usée dans son relief, est peu lisible. Orange.

— fig. 10. C ou GLPV(DE)[ns]. Anse d'amphore. Orange.

Pl. XVII, fig. 11. CA(TI)SIVS. Sur un fragment de vase en terre jaunâtre, sans mélange de mica, mais avec quelques grains de quartz. Athènes ou Corinthe.

La provenance étrangère de ce fragment aurait dû le faire exclure de notre cadre; cependant un sigle à peu près semblable, C·ATISIVS, ayant été trouvé à Vienne et décrit par M. Leblanc, il nous a paru utile de rapprocher ces deux origines, et de les signaler comme un fait commercial digne de remarque.

— fig. 12. CNAEC.... peut-être CNA(FE)C[it]. Anse d'amphore. Arles, les bords du Rhône, à Trinquetaille.

C. PAPR. Anse d'une amphore complète, au musée d'Arles.

Pl. XVIII, fig. 23. ͞IͫEN... Sigle incomplet. Anse d'amphore. Orange. ͞IͫEN(NI)·I(VL)LI. Allmer, *musée de Vienne*.

Pl. XVII, fig. 13. ......EN·LS·L. Anse d'amphore. Orange.

— fig. 14. HOSTESIS. Sur le rebord d'un vase en terre rougeâtre briqueté. Orange.

— fig. 15. (HR)Y(TI)I. Le signe que nous représentons par TI liés ressemble à une croix à branches égales et obliques, et pourrait être tout simplement un X.

Anse d'amphore. Orange.

Pl. XVII, fig. 16. IENNIᵒRIVLIᵒI ... Anse d'amphore. Orange.

— fig. 17. ISAQARIS ? Anse d'amphore. Orange.

La lecture de ce sigle est très-incertaine : il est possible que ce que nous prenons pour la première lettre I ne soit qu'une ligne du listel de la matrice ; les lettres qui suivent n'ont qu'un faible relief, et la distance qui sépare A de Q, comme le trait qu'on remarque au dessous et à droite de la première de ces deux lettres, autoriserait à penser qu'elle était accolée à un E.

— fig. 18. L·A·L. Anse d'amphore. Orange.

Le musée de Lyon possède le même sigle sur une anse d'amphore, cataloguée par Comarmond sous le nº 683.

— fig. 19. L·(AT)·RVS ou L·(TA)·RVS. Anse d'amphore. Orange. Leblanc, *musée de Vienne*, pl. VII, nº 146.

— fig. 20. L·C·P. Anse d'amphore. Arles, à la pointe de Trinquetaille.

Pl. XVIII, fig. 21. LSP·BO. Anse d'amphore. Orange.

— fig. 22. (LVAL)(TR)OPIM.? L*ucii* VAL*erii* TRO-P*himi* M*anu* ? ou L*ucius* VAL*erius* TROP(H*i*)M*us*. Sigle empaté et mal venu. Anse d'amphore. Orange.

Qu'il nous soit permis de citer ici, à cause de l'intérêt qui s'attache à sa lecture, un sigle récemment découvert dans le département du

Gard : M·(TV)CCI·L·F·(TR)O ||
GALEO(NI)VS. Sur l'anse d'un
grand vase en terre blanche, trouvé
dans la crypte d'Uzès.

M. Germer-Durand a interprété ce
sigle de la manière suivante : M[*arci*]
TVCCI, L[*ucii*] F[*ilii*], TRO[*phimi*]
[*figlina*]. GALEO(NI)VS, [*servus*].
Voir dans les *Mémoires de l'Académie du Gard*, année 1876, p. 278,
la savante dissertation qui suit cette
lecture. D'après Artaud, le nom de
Lucius ou Lucius Valérius Trophi-
mus se trouve à Rome sur un grand
nombre d'amphores.

(MA). Suivi d'un signe numérique mal
venu, sur un bouchon d'amphore.
Arles.

Pl. XVIII, fig. 24 MIM. Anse d'amphore. Orange.
Sch., n° 3593; Aurès, pl. VI, n° 64,
et p. 22; Leblanc, *musée de Vienne*,
pl. VII, n° 149 et 150.

— fig. 25. M·I... Sigle empâté. Orange.

— fig. 26. MMRCI. Anse d'amphore. Orange.
Leblanc, *musée de Vienne*, pl. IV,
fig. 75.

— fig. 27. ....S·M || CIRC· ? Anse d'amphore.
Orange.

Pl. XIX, fig. 28. PCAPR. L'avant dernière lettre est
effacée dans sa partie inférieure.
C'est un P ou un B. Orange.

— fig. 29. (PH)ILOD(AN).... Sur le col d'une
amphore. Du plateau dit le camp
de César, à Laudun (Gard).

— fig. 30. PMHPOR... Anse d'amphore. Orange.
Sch., n° 4386, P·M·H·POR.

Pl. XIX, fig. 31. ....POLV. La dernière lettre a la forme de l'upsilon majuscule. Anse d'amphore. Les bords du Rhône, à la pointe de Trinquetaille, près d'Arles.

— fig. 32. POR·P·S·A. Anse d'amphore. Arles.

— fig. 33. PQ⊐? La dernière partie de ce sigle ressemble à la lettre H couchée. Anse d'amphore. Orange.

— fig. 34. P·S·AV(IT) abréviation d'AVITI ? Anse d'amphore. — Arles, où on a trouvé plusieurs exemplaires du même sigle.

Sch., n° 681.

Pl. XX. fig. 35. P·S·AVI· ‖ SVAVI. Deux sigles bien distincts, placés l'un au dessous de l'autre, sur l'anse d'une amphore. Les bords du Rhône, à la pointe de Trinquetaille, près d'Arles.

— fig. 36. P·V·F· Anse d'amphore. Orange.

— fig. 37. PVF. Anse d'amphore. Les bords du Rhône, à Arles.

Sch., n° 4526.

P·V·F(AV)S(TI)(NV)S. Anse d'amphore. Près de Sommière, à Villevieille.

— fig. 38. MQFF. Anse d'amphore. Les bords du Rhône, à Arles.

— fig. 39. QI(AL) Anse d'amphore. Orange.

Q·PP(HR)Y. Sur l'anse d'une amphore, au musée d'Arles.

— fig. 40. Q·M·R. Anse d'amphore. Orange, sur la montagne qui domine la ville.

— fig. 41. ROMNI. Anse d'amphore. Orange. Sigle très fruste : il est possible qu'il existe un A lié avec M ; ce serait

alors le sigle indiqué par Sch.,
nº 4720 ; mais, d'un autre côté, la
même marque que la nôtre, en
caractères différents toutefois, se
trouve au musée de Vienne. (Leblanc, pl. VII, fig. 163, ROMNI.

Pl. XX, fig. 42. SAT. Anse d'amphore. Sur les bords
du Rhône, à la pointe de Trinque-
taille, près d'Arles.
Sch., nº 1351 T·CIA·SAT.

— fig. 43. S·R·SEN. Anse d'amphore de petite
dimension. Orange.

— fig. 44. SE(VE)R·SECF. Circulaire, autour
d'une rosette à sept feuilles, sur une
anse de vase, en terre jaune tendre. Orange.

Pl. XXI. fig. 45. SAXOFERREO. Anse d'amphore. Les
bords du Rhône, à la pointe de
Trinquetaille, près d'Arles.
Sch., nº 4980, SAXOFER.

— fig. 46. SAXOFERRE. Anse d'amphore.
Orange.

— fig. 47. SCOROBRES. Anse d'amphore.
Orange.
Sch., nº 4991.

— fig. 48. SI(SE)N. Anse d'amphore. Deux
exemplaires, l'un provenant d'Arles
et l'autre d'Orange.
Aurès, Nimes, pl. III, fig. 27, p. 10.

— fig. 49. S ?·N·A. Anse d'amphore. Orange.

— fig. 50. T·V·S. Incuse. Sur l'anse d'un vase
en terre jaune. Orange.

— fig. 51. [V]IRGIN. Anse d'amphore. Orange.
Sch., nº 5780, VIRG.

ZICE. E archaïque ; sur deux bou-
chons d'amphores, au musée d'Arles.

3° *Briques*.

La collection d'Emilien Dumas ne contient qu'un seul antéfixe et quatre briques portant une marque de fabricant.

Le nom de Clarian, abrégé de Clarianus, que portent ces dernières, est très-fréquent dans la vallée du Rhône. Tout le monde a vu, au musée lapidaire de Lyon, les nombreux et beaux spécimens de brique au nom de Clarianus, incrustés dans le mur sous les arceaux du cloître du Palais Saint-Pierre. On a trouvé ce nom, toujours sur des matériaux de construction, tels que briques, tuiles, carreaux, conduits calorifères. Il est à peu près certain qu'au temps de la domination romaine, l'usine Clariana avait son siège à Vienne ou dans les environs, et que cette importante fabrique n'y était pas seule : à diverses époques, on a découvert, dans la plaine de Saint-Romain, des urnes cinéraires, des tuiles, sur lesquelles était gravé le nom du potier *Clarianus*; d'autres portaient celui de *Clariana-Numida*, d'autres encore *Cæsar-Censim*, et plusieurs dépôts d'amphores rangées de telle sorte, les unes sur les autres et la bouche tournée vers la terre, qu'il était facile de juger qu'elles étaient l'ouvrage de quelque tuilerie voisine (1). On n'a jamais vu la marque de Clarianus sur des vases en argile d'un travail délicat.

La tuilerie de Rufus paraît avoir eu la spécialité des antéfixes. Nous trouvons ce nom sur des tuiles de ce genre à Orange, Avignon, Vienne, Lyon, et presque toujours avec la même ornementation d'une exécution plus ou moins habile.

Sur le sigle de la collection Emilien Dumas, dont nous donnons la figure planche XXII, comme sur ceux

---

(1) *Recherches du sieur Chorier sur les antiquités de Vienne.* Lyon, un vol. in-12, p. 156, et *nouvelle édition*, 1846, p. 168.

figurés par M. Leblanc (pl. VIII, n°193 de la *Description du Musée de Vienne*), faut-il lire Secundus *fils* de Rufus, ou simplement Secundus, *ouvrier* de Rufus ? — Nous inclinerions pour la première de ces deux interprétations, parce que, d'une part, sur un antéfixe du Musée de Lyon on lit *Secundi. Rufi. f.*, susceptible, il est vrai, d'être interprété *Filius* aussi bien que *Fecit*, et que, d'autre part, on lit aussi, sur deux antéfixes du même Musée, Secvndi Rvfi : ces deux génitifs prouveraient qu'à l'époque où furent fabriquées ces dernières terres cuites, Secvndvs était devenu le patron de la tuilerie, en succédant à son père Rvfvs.

Pl. XXII, fig. 1. SECV(ND)VS·R(VF)I. Antéfixe trouvé à Orange. Terre rouge, à pâte mêlée de paillettes de mica. Au milieu de l'antéfixe, un mascaron radié au dessus de deux feuilles d'acanthe ; au dessous, un listel sur lequel est moulée l'inscription en relief.

Le Musée d'Avignon possède plusieurs briques semblables.

— fig. 2. CLARIAN. En relief sur un fragment de brique, en terre rougeâtre briquetée, à pâte mêlée de paillettes de mica et de petits caillous roulés de quartz. Ce sigle est agrémenté d'une double ligne de stries, faites à la roulette, qui lui servent d'encadrement. En outre, la brique est couverte de lignes entrecroisées, qu'on pourrait croire tracées avec un poinçon, par une main très-sûre. Des thermes de Vaison.

— fig. 3. CLARIAN. En relief sur une plaque de 12 millimètres d'épaisseur, en argile jaune rougeâtre, avec paillettes de mica. Thermes de Vaison.

Pl. XXII, fig. 4. [Cla]RIAN. Sur une grosse brique ronde, en argile rougeâtre, mêlée de paillettes de mica. Diamètre 21 centimètres, épaisseur 45 millimètres. D'origine ignorée.

— fig. 5. CLARIA... En belles lettres en relief, au milieu d'un fragment en terre rougeâtre mêlée de paillettes de mica et de petits grains de quartz. Provenance ignorée.

4° *Lampes sépulcrales.*

Emilien Dumas divise les lampes funèbres, qu'on trouve en si grand nombre dans nos contrées parmi les sépultures romaines, en quatre catégories principales, correspondant à quatre époques distinctes. Les premières, en terre rouge, ne sont recouvertes d'aucun lustre ni engobe: elles sont faites avec des argiles réfractaires ferrugineuses rougeâtres ou jaunâtres, qui acquièrent par la cuisson une teinte franchement rouge, et portent en belles lettres, en relief, le nom du fabricant. On ne les trouve que dans les ossuaires en verre ou en terre cuite.

Les secondes, en terre jaune, tendre, doivent aux argiles calcaires qui en ont fourni la substance la couleur pâle qu'elles ont revêtue au feu. Leur partie supérieure est ordinairement ornée d'un médaillon avec figures allégoriques; le dessous de quelques-unes montre la marque du potier en lettres incusées, plus rarement en relief.

Comme les lampes de la première catégorie, celles-ci accompagnent les ossuaires en verre ou en terre cuite, et correspondent, comme elles aussi, aux deux premiers siècles de notre ère. On prétend qu'en l'année 161 après J.-C., un édit d'Antonin-le-Pieux prohiba la combustion des corps et introduisit le mode d'inhumation qui est encore pratiqué parmi nous. C'est, en effet, vers cette époque que l'usage des tombeaux se généralisa et remplaça celui des ossuaires.

C'est dans les sarcophages, révélant le retour à la coutume primitive de l'inhumation, que se trouvent les lampes en terre jaune du troisième groupe, portant la marque de fabrique imprimée en creux. Elles datent du Bas-Empire et du siècle de Constantin.

Quant au quatrième groupe, il se fait remarquer par ses formes lourdes et massives, par l'épaisseur de son test, par le monogramme du Christ ou de tout autre emblème de la foi nouvelle tracé sur sa face supérieure. On n'y rencontre plus de marque de fabrique. Il caractérise essentiellement les tombes du Bas-Empire.

La collection céramique d'Emilien Dumas ne renferme pas moins de soixante-quinze lampes sépulcrales classées dans l'ordre que nous venons d'exposer, et provenant presque toutes de la vallée du Rhône. Nous ne décrirons ici que celles qui se distinguent par l'estampille du fabricant.

Pl. XXIII, fig. 1. ATIMET. En relief, sur une lampe en terre rougeâtre. Orange, des tombeaux de la voie romaine.

Sch., n° 581.

— fig. 2. CASSI. En belles lettres, d'un relief très-vigoureux, sur le fond d'une lampe en argile dure, rouge. Orange, intérieur des remparts romains. La même marque, surmontée de la lettre X, se lit sur une lampe vue chez un marchand d'Avignon, et recueillie à Arles.

Sch., n° 1125.

— fig 3. CIVNDRAC. Incuse; N rétrograde; sans doute pour C - IV[lius] · N[ice]

DRAC. (Voir plus bas, fig. 5, et le sigle cité par Sch., au n° 2785). Terre jaune rougeâtre. Sur l'écusson, Jupiter debout, tenant, de la droite, un foudre au-dessus d'un petit autel embrasé; de la gauche, une haste; autour, une frise d'oves. Arles, les Aliscamps,

Sch., n° 2019, cite le signe DRAC sur une lampe de France ou d'Italie.

Pl. XXIII, fig. 4. CHEILAN. Incuse. Terre jaune rougeàtre. Sur l'écusson, Mercure debout; tenant, de la droite, une bourse au-dessus d'un petit autel; de la gauche, le caducée; à côté, un coq juché sur un piédestal; autour, un cep de vigne en fruits.

Cornus (Sardaigne). Citée ici comme point de comparaison.

— fig. 5. CIVLINICE. Incuse. Terre jaune, recouverte d'une légère engobe rouge. Sur l'écusson, buste de Diane avec le croissant; sur le fond, au-dessous de la marque, une épée nue incuse. Avignon.

Sch., n° 2785, C · IVLI · NICE.

— fig. 6. COMVNIS. En relief. Terre jaune tendre. Sans ornements. Orange, des tombeaux de la voie romaine.

Sch, n° 1561.

— fig. 7. DIOG[enes ?]. En relief. Argile rouge. Fragment. Orange.

Sch., 1918. DIOGEN, et 1919, DIOGENES · F.

Pl. XXIV, fig. 8. FAOR. En relief. Terre rouge, dure. Fragment. Orange.

Sch., nº 2164, FAOR, et 1007, ...
FIG FAOR || IANCALVENTIA
MAXIMA.

Pl. XXIV, fig. 9. FESTI. En belles lettres, d'un relief
très-vigoureux, sur un fragment en
terre rouge dure. Orange.

Sch., nº 2220 ; Leblanc, *Musée
de Vienne,* pl. VII, fig. 141.

— fig. 10. FORTIS. En relief très-vigoureux, sur
une lampe en terre rose avec engobe
rouge. Sur l'écusson, deux têtes en
relief. Orange, des tombeaux de la
voie romaine.

Sch., nº 2275 ; Aurès, *Marques
de fabrique du Musée de Nimes,*
pl. 16, nº 187, p. 69 ; Leblanc,
Musée de Vienne, pl. VII, nº 142.

— fig. 11. FORTIS. En relief très-vigoureux, sur
une lampe en terre jaune tendre,
avec engobe rouge. Pas d'ornements. Orange, tombeaux de la voie
romaine.

Ce sigle ne diffère du précédent
que par la dimension des lettres.

— fig. 11 *bis.* L. En relief, à côté de l'empreinte
très-profonde d'une marque en
forme de pied humain, ou plus exac-
tement de semelle, sur le fond d'une
lampe en argile jaunâtre, recouverte d'une engobe rouge. Au-dessus, une coquille en creux, les côtes
en relief ; anse percée d'un trou, en
forme d'anneau. Lampe d'origine
ignorée.

— fig. 12. LHOSCRI. Incuse, sur une lampe à
deux mèches (dimyxos), en terre

jaune pâle, revêtue d'une engobe rougeâtre ; au centre de l'area, un grand piton percé d'un trou pour la suspendre.

Sch., *Sigles figulins*, n° 2523, L · HOSCRI.

Pl. XXIV, fig. 13. LHOSCRI. Incuse, sur le fond d'une
       X   lampe à un seul bec, en terre jaune pâle, revêtue d'une engobe rougeâtre ; sur l'écusson, buste d'Apollon de face, couronné de cinq rayons très-épais et très-longs. Pas d'anse. Vaison.

Comarmond, *Musée de Lyon*, p. 67, n° 367.

Schuermans. *Sigles figulins,* n° 2523, sur la foi de Comarmond, met un point entre les lettres L et H. Sur les deux exemplaires de la collection Emilien Dumas, ce point n'existe pas, et l'intervalle qui sépare les deux premières lettres, égal à celui qui existe entre les autres, ne permet pas de supposer qu'il ait été omis ou effacé. L'exemplaire conservé au musée de Nimes, et que M. Aurès, avec la scrupuleuse exactitude qu'il met dans tous ses travaux, a figuré pl. 18, n° 138, est dans le même cas ; en outre, un exemplaire, dans une collection particulière d'Uzès ; un autre, dans une collection particulière de Nimes, et dix-huit lampes, que nous avons vues, au Musée d'Avignon, marquées du même nom *sans le point*, comme les nôtres, autorisent à penser que Comarmond a été trompé par quelque bavure de la pâte, qu'il aura prise pour un point.

Lhoscri serait donc un seul nom, barbare sans doute, gaulois probablement.

Une grande lettre est presque toujours placée au-des-

sous du nom de ce potier : c'est ainsi qu'on lit LHOS-
CRI A sur une lampe de la collection Rousset, d'Uzès ;
LHOSCRI C, G, H, L, M, P, S, T, X, Z, sur les
nombreux exemplaires du Musée d'Avignon ; LHOSCRI V
sur celui décrit par M. Aurès ; LHOSCRI E X, sur une
lampe de la collection Bérard, à Nimes (1). Ces lettres sont
évidemment des signes numériques de séries, analogues
à ceux qu'employait, en France, la manufacture de
Sèvres, pendant la première période de sa fondation,
pour distinguer les produits de chaque année de fabrication.

Pl. XXIV, fig. 14. LITOGE(NE). En relief très-saillant,
sur un fragment de lampe en argile
rouge, dure. Orange.
Sch., n° 2293.

Pl. XXV, fig. 15. MA..... En relief, sur un fragment
de lampe en terre rouge, dure.
Orange.

— fig. 16. MARCELLI. Circulaire, avec une rosace au centre, composée de 7 points
saillants ; un cœur ou une feuille de
lierre complète et ferme le cercle,
formé par le nom du potier. En
relief sur une lampe en terre jaune,
dure ; la partie supérieure est sans
ornements, avec 3 oreillons percés.
Arles, d'après les notes et un fac-
simile dessiné par Emilien Dumas,
chez un marchand d'Avignon.
Sch., n° 3262, MARCELLI M.

Pl. XXV, fig. 18. N. En relief, sur une lampe en argile

_____

(1) Cette lampe fut trouvée dans un tombeau du jardin des Carmélites,
à Nimes ; elle était accompagnée de petites poteries rouges unies, et de
coquilles de *Pecten glaber*, et ornée sur sa patère de deux palmes entre-
lacées, en forme de couronne. Le corps n'était pas incinéré.

jaune pâle, revêtue d'une engobe jaune rougeâtre. Sur l'écusson, un glaive courbe et un casque, dont le cimier est formé par le corps d'un oiseau. Vaison.

Sch., n° 3782; Tournal, *Musée de Narbonne,* p. 78.

Pl. XXV, fig. 19. S R. Deux grandes lettres en relief, sur une lampe en argile jaunâtre. A la partie supérieure, un sanglier terrassant un crocodile. D'après un fac-simile dessiné par Emilien Dumas. La Liquière, près d'Alais. Cette lampe est conservée par M. Parran, ingénieur des mines.

— fig. 20. STROBILI. En belles lettres, d'un relief très-vigoureux, sur un fragment de lampe en terre rouge, dure, avec deux oreillons percés. Orange.

Sch., n° 5304; Leblanc, *Musée de Vienne,* pl. VIII, n° 165.

— fig. 21. STROBILI. En belles lettres en relief, sur une lampe en terre rouge vif lustré. Sans ornements. Environs d'Orange.

Sch., n° 5304.

En 1842, on a trouvé, au quai de Serin, à Lyon, dans la propriété d'un fondeur de cloches, les restes d'un four de potier, ainsi que des vases de formes variées, des outils s'appliquant à la céramique. Ces objets étaient d'un bon style, et font remonter cette fabrique au premier ou au deuxième siècle. Les lampes funéraires trouvées près du four portaient toutes le nom de STROBILIVS, d'où l'on peut conclure que cet établissement appartenait à ce potier. (Voir Comarmond, *Musée de Lyon,* p. 92 et 97). Cependant M. Allmer *(Inscriptions antiques antérieu-*

res au VIIIe *siècle, Musée de Vienne)*, s'appuyant
uniquement sur la fréquente rencontre, en Italie, des
lampes marquées STROBILI, croit que cette fabrique
avait son siège non loin de Rome.

Pl. XXVI, fig. 22. QVINTI. Au-dessous, un cœur ou une
feuille de lierre pétiolée. En relief,
sur le fond d'une lampe en terre
rouge tendre. Orange.
Sch., n° 4569.

Pl. XXVI, fig. 23. VICIANI ou VIBIANI. Sigle empâté.
En relief, sur une lampe en argile
rougeâtre, épaisse, dure. Orange.
Sch., n° 5708, VIBIANI, et 5709,
VIBIANVS.

Pl. XXVI, fig. 24. Une palme incuse sous le fond d'une
lampe en terre rouge, massive, à
test très-épais. A la partie supérieure, une anse pleine ; au milieu,
un chien courant à droite, emblème
de la rapidité de la vie. Lampe
chrétienne, des environs d'Orange,
. dont voici la figure réduite au tiers.

ESTAMPILLES EN BRONZE.

Deux estampilles en bronze terminent la série des
marques de fabrique dans la collection d'Emilien Dumas.
Nous en parlerons ici, bien que cette description ne
touche qu'indirectement à notre sujet.

L'une, sur laquelle on lit le nom de PRISCVS, assez
profondément gravé sur une plaque de bronze, a la

forme d'un pied droit chaussé. La première lettre P est placée dans le talon ; les autres vont s'agrandissant, en suivant la forme du pied, jusqu'à la dernière S, qui suit la courbe de la partie supérieure de la semelle ; elles sont entourées d'un listel creux et gravées en sens rétrograde, pour être reproduites dans leur sens normal par l'impression.

Le dessus du sceau est armé d'un anneau assez robuste qui fait l'office de poignée.

Longueur totale, 62 millimètres ; largeur moyenne, 18 millimètres. Ce sigillum est de trop grande dimension pour avoir servi de marque à des poteries fines ; toutefois, il n'a pu être employé qu'à estampiller une matière molle, comme l'argile ; et, dans ce cas, ce serait le sceau d'un fabricant d'amphores ou de poteries grossières, comme celles de Vienne, par exemple, sur quelques-unes desquelles on lit, en effet, la légende circulaire PRISCVS F. (Voir p. 109 et pl. 14, fig. 8). Il a été trouvé aux Aliscamps de la ville d'Arles, dans cet Elysée romain, si célèbre avant l'ère chrétienne que les villes voisines tenaient à honneur d'y ensevelir leurs morts ; et c'est sans doute à cette dernière circonstance qu'est due la trouvaille du sceau d'un potier dans une localité où, d'après Emilien Dumas, il n'a jamais pu exister d'établissement céramique.

La seconde estampille (pl. 26, fig. 1 et 2) est un sceau en bronze de forme rectangulaire, arrondi aux angles, sur lequel les lettres METR font une saillie de drès de 2 millimètres ; le dessus, assez épais, se terminait en forme d'anneau, dont il ne reste plus que la moitié inférieure.

La forme élégante des lettres, mais surtout leur dimension et leur relief, font supposer que cette marque n'était pas à l'usage d'un potier, mais de quelque fabricant, qui devait imprimer sur ses produits son cachet, au moyen d'une substance de couleur.

Comarmond, à propos de quelques estampilles en bronze du musée de Lyon, qui servaient, pensait-il, au même usage, fait avec raison observer combien il est surprenant « que l'invention de l'imprimerie ait tardé aussi » longtemps à surgir dans l'esprit de l'homme, car » chaque sceau représente une petite planche d'impri-» merie dont les lettres sont fixes au lieu d'être mobiles (1) ».

Ve DIVISION.

Poteries romaines du Bas-Empire ou Poteries chrétiennes.

L'estampille du fabricant sur les produits céramiques ne fut en usage que pendant les trois premiers siècles de l'ère chrétienne. C'est à peu près l'époque où disparut aussi la coutume de brûler les corps ; mais celle de placer des lampes allumées dans les sépultures persista quelque temps encore parmi les Gallo-Romains passés au christianisme, et nous venons de voir que le groupe des lampes chrétiennes se distingue aisément de celles qu'on rencontre dans les tombeaux des siècles précédents, par ses formes lourdes et massives.

Ce caractère est aussi celui qui domine dans toutes les poteries que, en ces temps de transition, on ensevelissait, suivant la coutume païenne, à côté du défunt.

Mais si, dans le nord et l'est de la France, grâce aux aillux presque incessants des bandes germaniques, il s'est établi très-vite un faciès général de fabrication, qu'on appelle mérovingien, et dans lequel une céramique très-franchement accentuée joue un rôle considéra-

---

(1) Comarmond. *Description des antiquités et objets d'art du musée de Lyon*, in-4°, 1855-1857. p. 379.

ble, le même fait générateur ne s'est pas produit dans le midi. Ici, l'art céramique a dû rester longtemps étroitement rattaché aux habitudes de fabrication des anciens dominateurs des Gaules. De là une grande difficulté pour distinguer, dans la céramique méridionale en débris, les poteries des IVe, V^e, VIe et VIIe siècles de celles qui les avaient précédées, comme aussi de celles qui leur succédèrent.

Confondues d'abord avec la poterie des trois premiers siècles, les formes de la période mérovingienne durent présenter peu à peu l'image de cette civilisation barbare, brutale, grossière, et faire contraste avec les formes élégantes des siècles de la civilisation grecque ou romaine.

Mais ce fait, vrai en principe, est très-difficile à démontrer, d'après les débris que nous révèlent les fouilles dans les tombeaux de cette époque transitoire de la civilisation romaine à la barbarie franque.

Dans la collection d'Emilien Dumas, si riche cependant en spécimens de toutes les époques, il ne nous a pas été possible d'attribuer, avec une certitude même approximative, au cycle mérovingien, aucun des vases que le savant archéologue de Sommière recueillit dans notre région ; et cet embarras dut être le même pour lui, lorsqu'il s'agit d'apporter des preuves à cette même division de son mémoire, qui comprend les *Poteries chrétiennes*. En établissant ce cinquième paragraphe, il a, légitimement il est vrai, affirmé une phase spéciale de la céramique pour ces temps spéciaux ; mais les matériaux, et le temps surtout, lui ont manqué pour en exposer les caractères et les différencier d'avec ceux propres aux poteries de l'âge précédent.

On rencontre communément, dans les anciens tombeaux chrétiens de notre région, une forme de vases qui est devenue typique de la période carlovingienne, mais qui, certainement, a dû commencer avec les Mérovingiens, en se répandant lentement dans le Midi, depuis Toulouse et Narbonne jusqu'à Lyon.

Ces vases sont lourds, à anse massive, à base large, à orifice souvent continu, et formant bague au dessus d'un vaste déversoir. La couleur foncée dont ils sont revêtus leur a valu, dans certaines parties du département du Gard, le nom caractéristique de *pégau* (poisseux). Ils sont très-répandus dans ce département, et ne sont pas rares dans ceux de Vaucluse et de l'Hérault. Lors de la construction de la gare de Lunel, on découvrit, sous l'emplacement de la chapelle de Saint-Estève-des-Noix, beaucoup de tombes en pierre recouvertes de dalles ; dans chacune, étaient des vases funéraires semblables au *pégau* dont nous reproduisons ci-dessous la figure réduite au sixième.

Aux alentours de toutes les anciennes chapelles où l'on exhume des tombes, creusées en forme d'auges dans la pierre, les restes d'ossements sont accompagnés d'urnes de diverses formes posées près de la tête, et quelquefois aussi aux pieds du squelette. Celles-ci paraissent les plus antiques. Un grand nombre a été trouvé dans les fouilles accidentellement opérées autour des vieilles églises de Saint-Florent, de Rousson, près d'Alais; de Cornillon, de Gaujac, près d'Uzès; de Valleraugue et du Vigan, dans le Gard, etc.

Ces urnes chrétiennes ont pu être confondues quelquefois avec la *Poterie gauloise pure*, à cause de leurs formes lourdes et de leur couleur grise ; mais en général, quoique massive, leur pâte est beaucoup plus mince que celle des vases gaulois, et la couleur grise, lorsqu'elle provient d'une engobe, disparaît, si l'on met à nu la pâte ordinairement blanchâtre qu'elle recouvre. Le plus souvent aussi, l'argile qui compose quelques-unes des poteries contemporaines de la primitive Eglise est mélangée de corps étrangers ; mais ce n'est point cependant une règle générale comme au temps des Gaulois.

Certaines des petites urnes trouvées au Vigan, dans l'ancien cimetière, sont fabriquées, croyons-nous, avec les argiles du terrain triasique, qu'on exploite de nos jours encore dans cette localité ; elles renferment une grande quantité de grains de quartz, et sont rougeâtres à l'intérieur des fragments ; d'autres, au contraire, venues probablement du dehors, tout en présentant le caractère de la couleur grise commun à ce genre de poteries, ne sont pas revêtues d'engobe, et ne doivent cette nuance qu'à la pâte qui les compose. Leurs formes sont semblables à celles des urnes de Valleraugue, de Cornillon, de Carpentras, dont la pâte est quelquefois saturée de grains calcaires. Il est évident que, à cette époque, la diversité des produits tenait, comme jadis, à la nature des éléments fournis par la contrée.

L'usage de placer des vases dans les tombeaux résista longtemps aux idées chrétiennes, et se prolongea même, dans certaines localités, jusqu'en des temps presque modernes. Mais l'art du potier, qui avait été porté à un si haut degré de perfection pendant le siècle d'Auguste, venait de tomber, sous le Bas-Empire, dans une rapide et profonde décadence, dont il ne devait se relever, mais avec un éclat incomparable, qu'après dix siècles du plus complet abandon.

Nimes. — Imp. Clavel-Ballivet et Cᵉ, rue Pradier, 12.

MARQUES DE FABRIQUE.

1° Sur Poteries rouges lustrées sans relief.

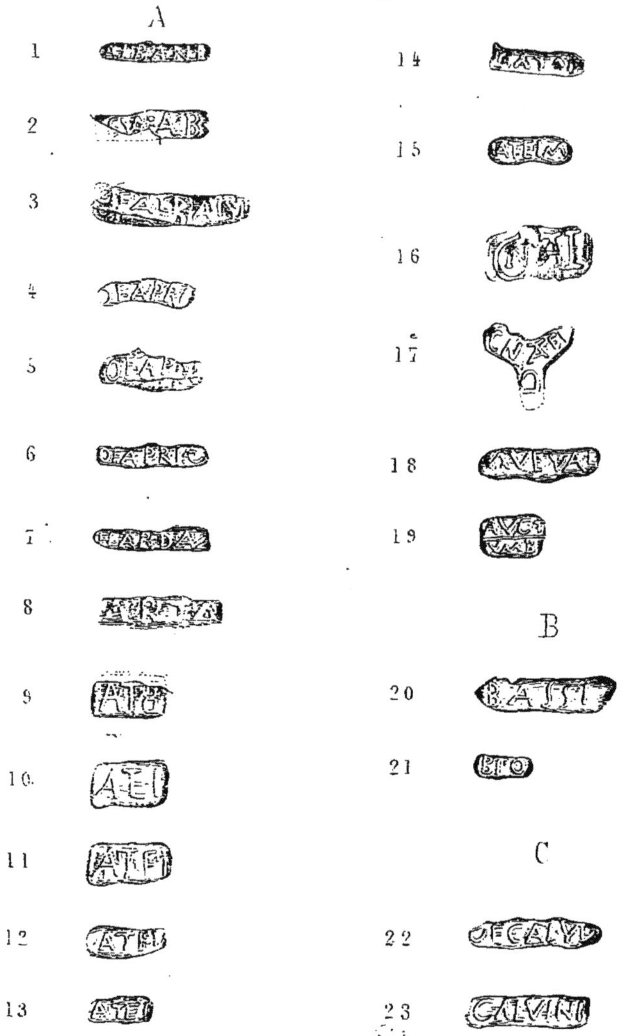

A

1

2

3

4

5

6

7

8

9

10.

11

12

13

14

15

16

17

18

19

B

20

21

C

22

23

24		40	
25		41	
26		42	
27		43	
28		43 bis	
29		44	
30		45	
31		46	
32		47	
33		48	
34		49	
35		50	
36		51	
37		D	
38		52	
39			

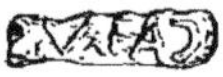

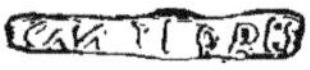

Collection Emilien DUMAS Pl. 3.

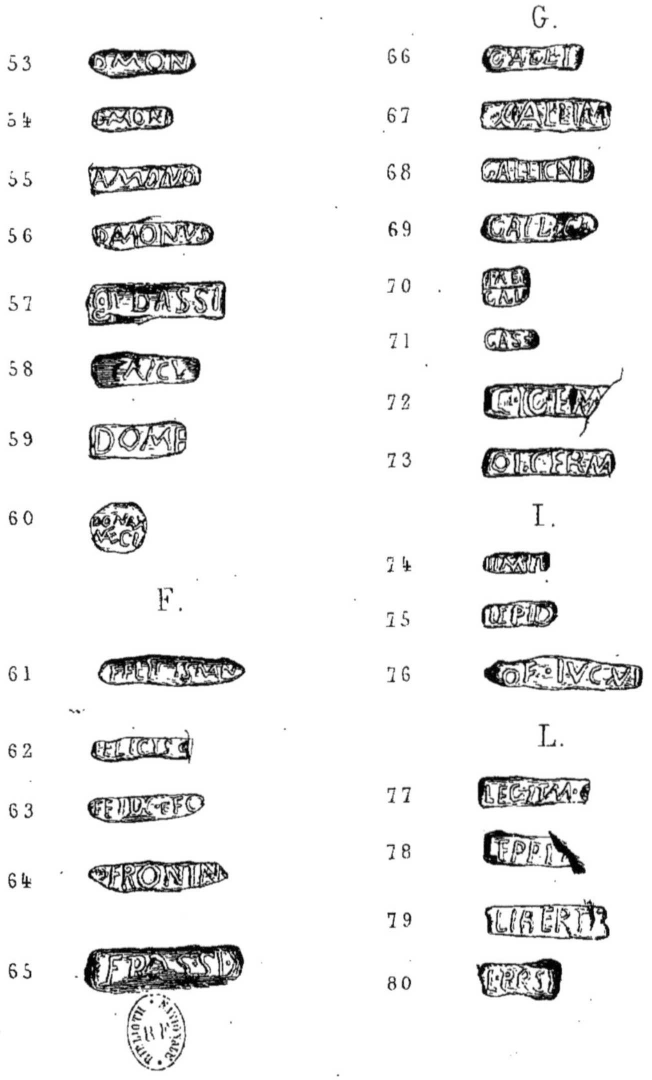

53
54
55
56
57
58
59
60
F.
61
62
63
64
65
G.
66
67
68
69
70
71
72
73
I.
74
75
76
L.
77
78
79
80

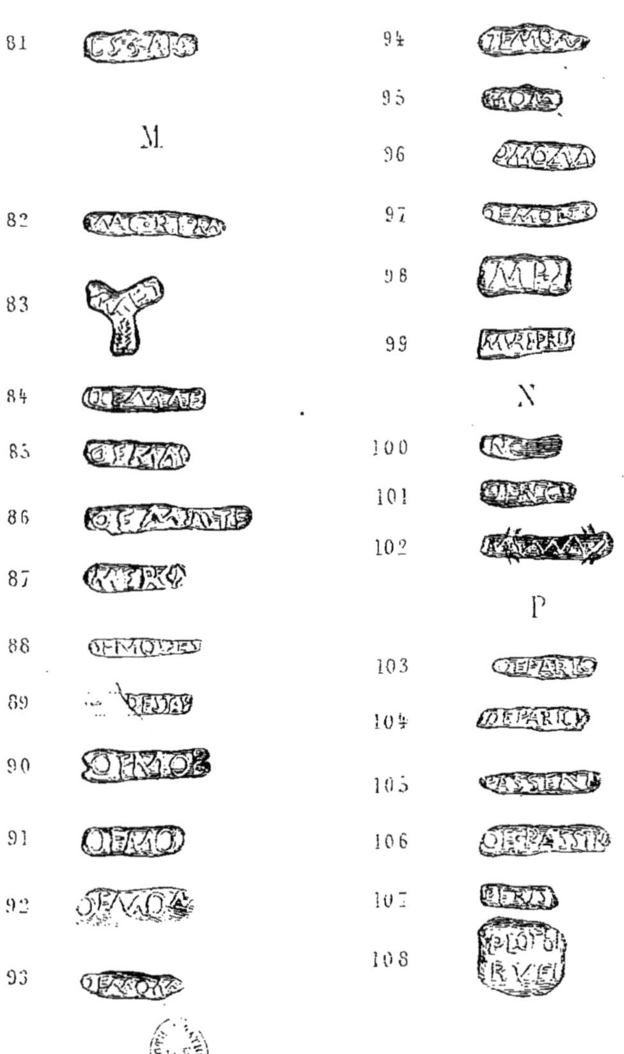

Gravé chez L. Wuhrer, R. de l'Abbé de l'Épée, 4.

109

110

111

112

113

114

115

116

117

118

119

120

121

122

123

124

125

126

127

128

129

130

131

132

133

134

135

136

137

138

139

140

141

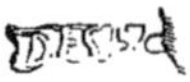

142

143

144

145

146

147

148

149

150

151

152

153

154

155

156

157

158

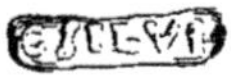

159

160

161

162

T

163

164

165

166

167

168

V

169

170

170 bis

171

172

173

174

175

176

177

178

179

180

SUPPLÉMENT

aux poteries rouges sans relief

181

182

183

184

185

186

187

188

189

190

191

192

193

194

195

NOMS   CELTIBERIENS
et
Noms illisibles
Sur Poteries rouges sans relief.

196

197

198

199

200

201.

202

APPENDICE.

Poteries rouges sans relief
trouvées en Sardaigne.

1

2

3

4

5

1

2

3

4

5

6

7

8

9

10

11

12

13

14

15

Poteries épigraphiques

et

MARQUES DE FABRIQUE

2° Sur Poteries rouges sigillées

3
1
OIVMVID
OIVOM
2a
2

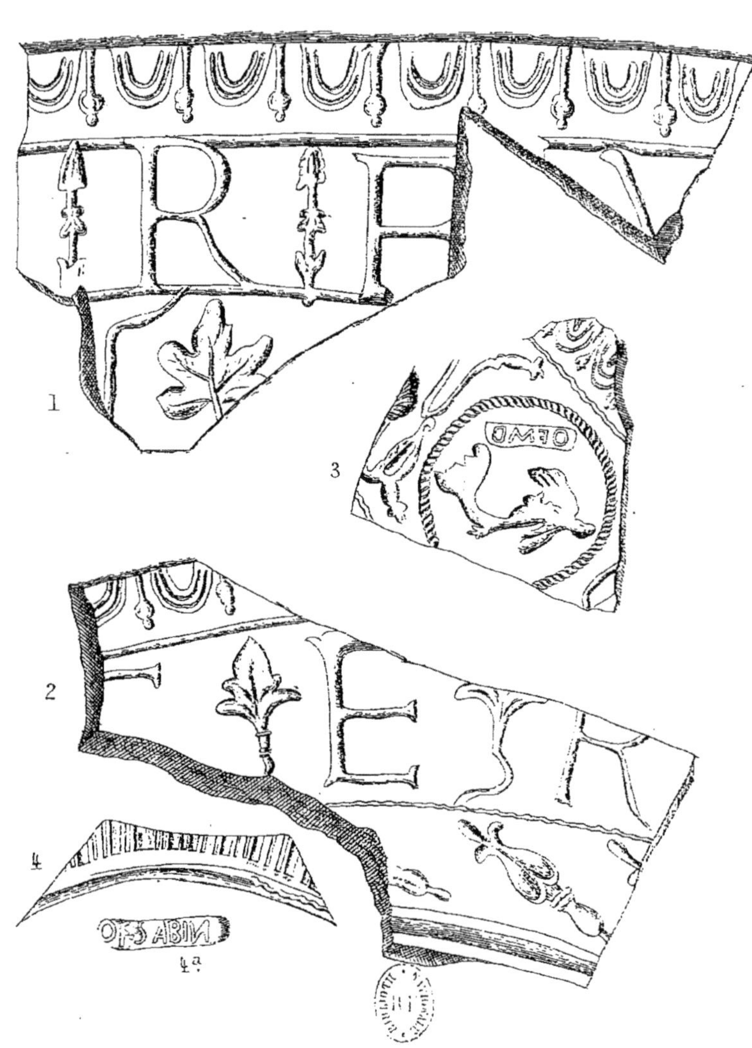
RE
1
3
OFMO
2
E
4
OFSABIN
4ª

Co

Poteries Romaines
Vernis plombifère (Fig. 2 à 5.)

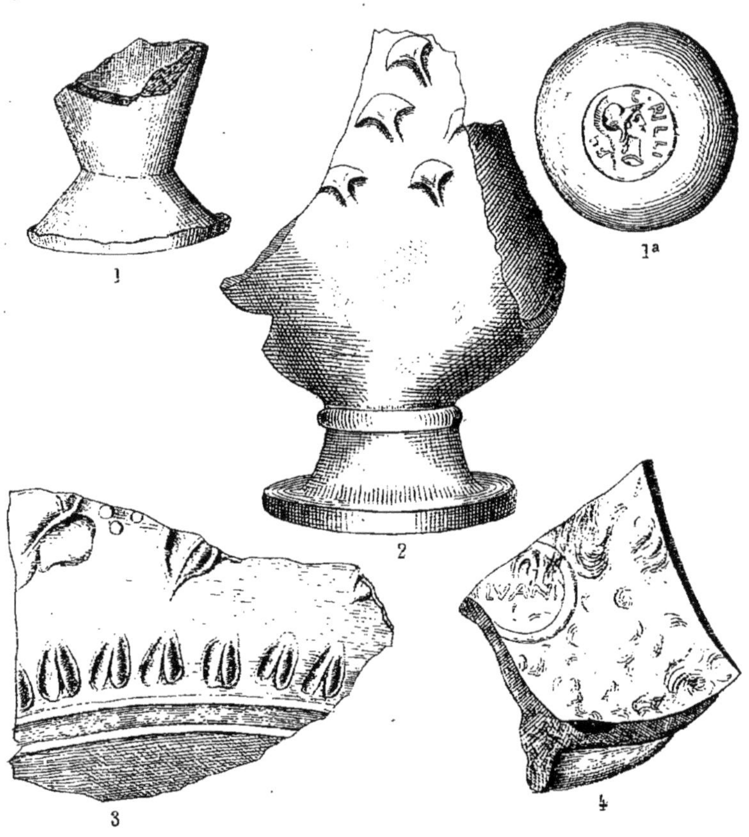

1

1a

2

3

4

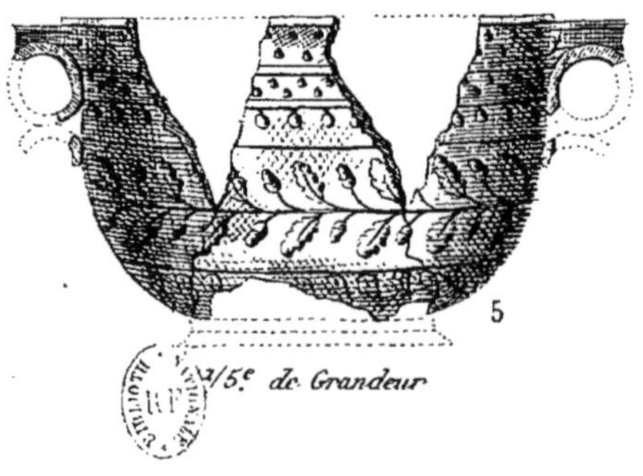

5

1/5.ᵉ de Grandeur

MARQUES DE FABRIQUE.

4° Sur Poteries grossières.

1° Vases.

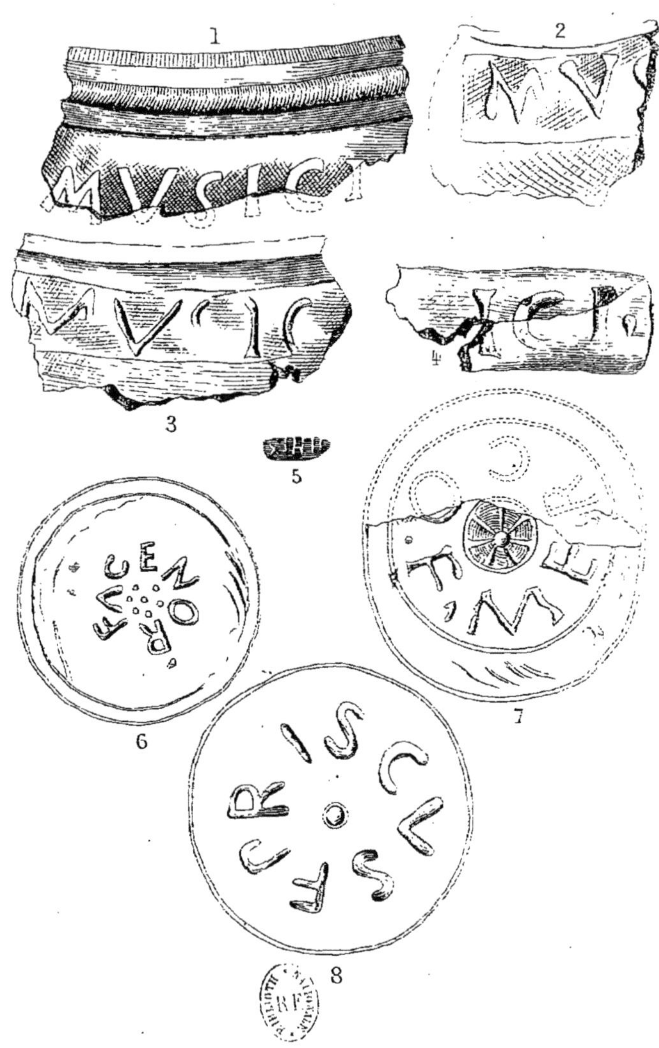

9

10

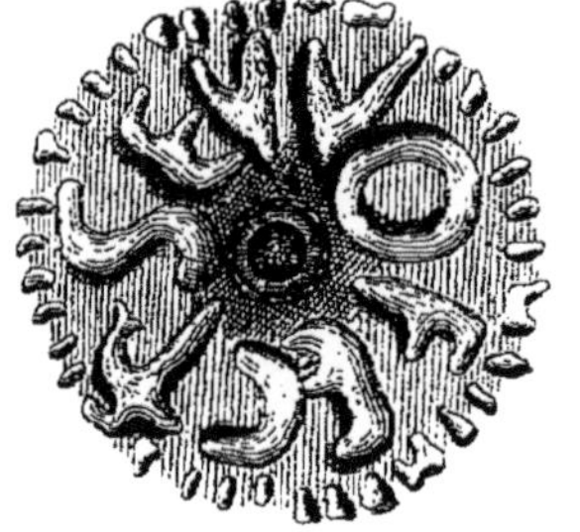

11

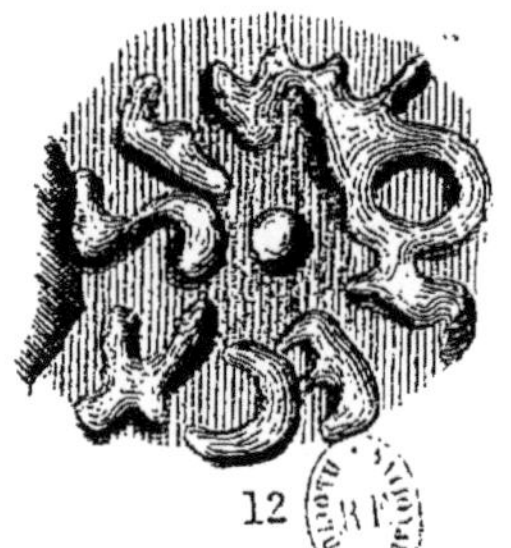

12

13

II° AMPHORES

A·I·S
1
)LIVS·NVCIS
5
A·V·N
2
CLA
8
C·I·A·L·B
6
C I A B
7
CLO
9
CAD
3
CAVRI
4
GLPVDE
10

GATSIVS
11
CNAE
12
EN·LS·L
13
HRYXI
15
VENNIORIVLI
16
HOSTESIS
14
L·ARVS
19
SAQARIS
17
L·A·L
18
L·C·P
20

21

23

24

27

22

25

26

PCA DR
28
PILODA
29
PMHPOR
30
POLT
31
PORPSA
32
PO
33
P S AVT
34
RVFENSTNI
37 bis

P·S·AVI
36
P.V.F
SVAVI
PVF
37
I.MQFF
Q·M·R
38
40
QIA
SAT
39
42
ROMINU
41
S·R·SEN
43
44

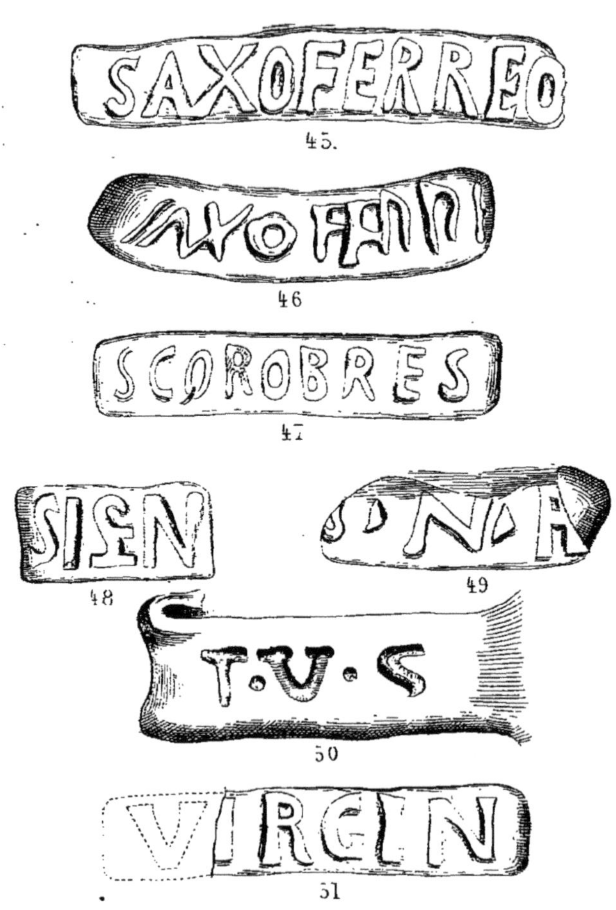

SAXOFERREO
45.
MYOFANI
46
SCOROBRES
47
SISN
48
SONA
49
T·V·S
50
VIRGIN
51

IIIᵉ BRIQUES

1

¼ de Grandeur

2

Grandeur réelle

3　　　　　　　　　　　　　　　　　　4

½ Grandeur　　　　　　　　　　½ Grandeur

5

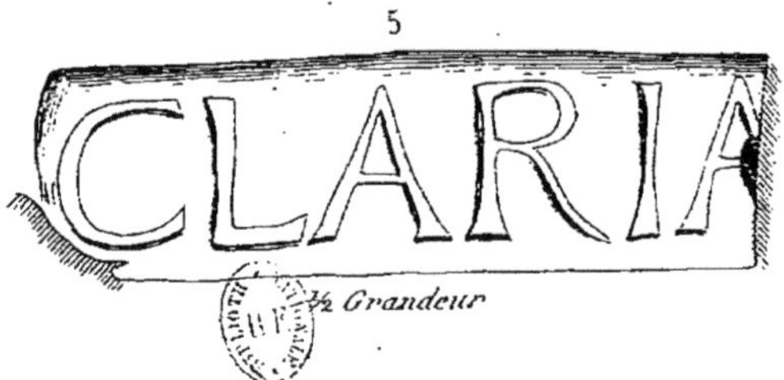

½ Grandeur

IV.° LAMPES FUNÈBRES.

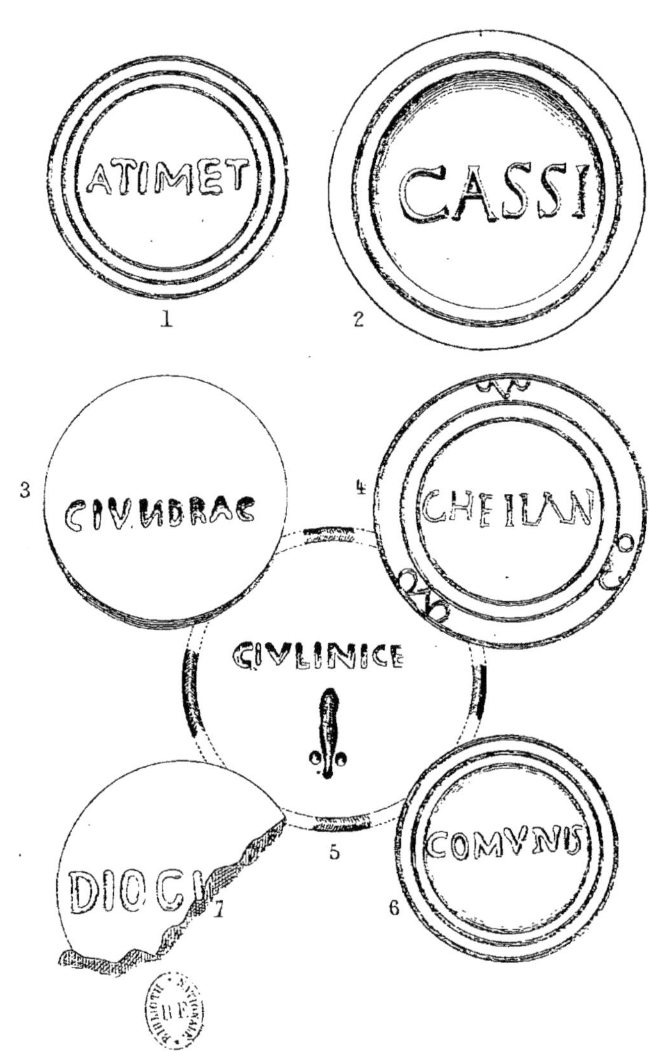

Grave' chez L. Wuhrer R. de l'Abbé de l'Epée 4.

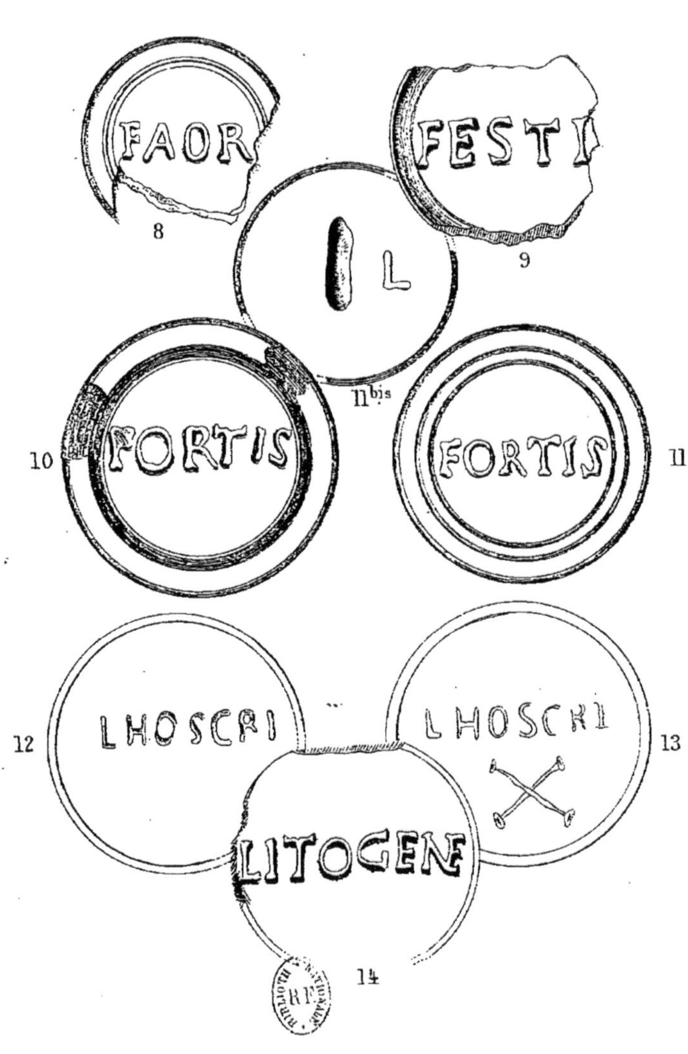

FAOR
8
FESTI
9
L
11bis
FORTIS
10
FORTIS
11
LHOSCRI
12
LHOSCRI
13
LITOGEN
14

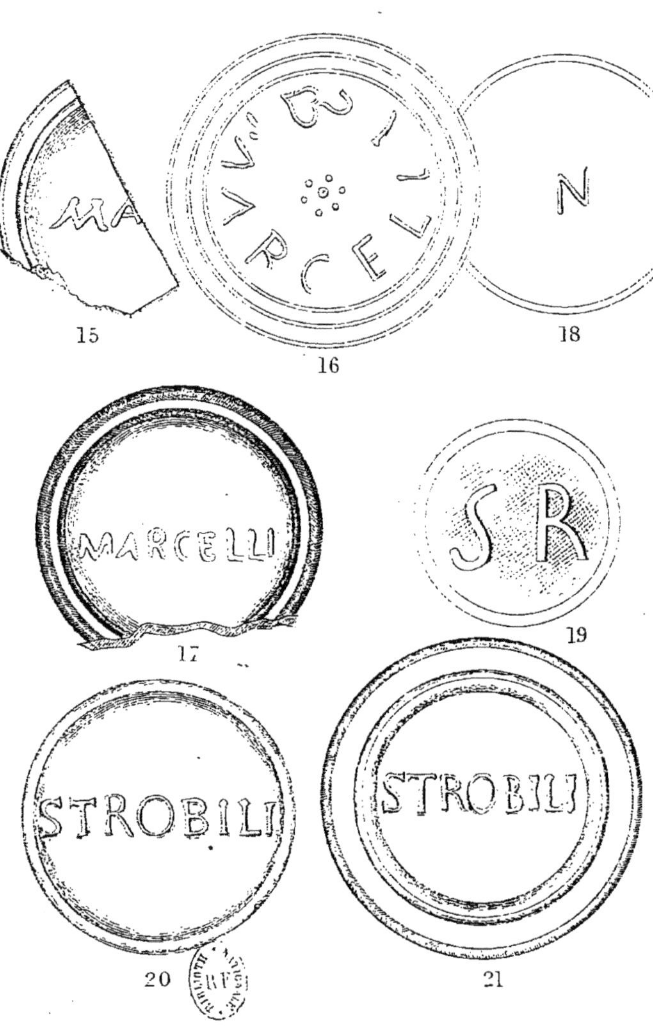

15

16

18

17

19

20

21

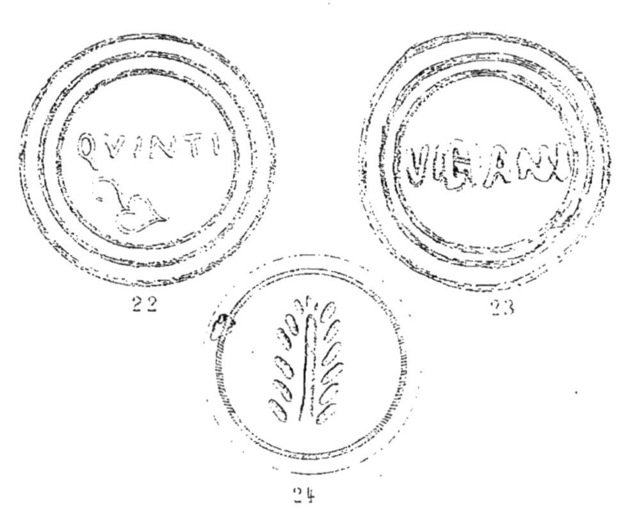

22

24

23

ESTAMPILLES EN BRONZE

1

2

1ª

2ª

9 782019 968120